BORDER STATION

ナゾの"境界駅"探訪

なぜそこで隔てられるのか？

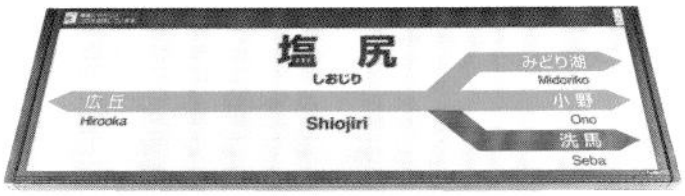

鼠入昌史

イカロス出版

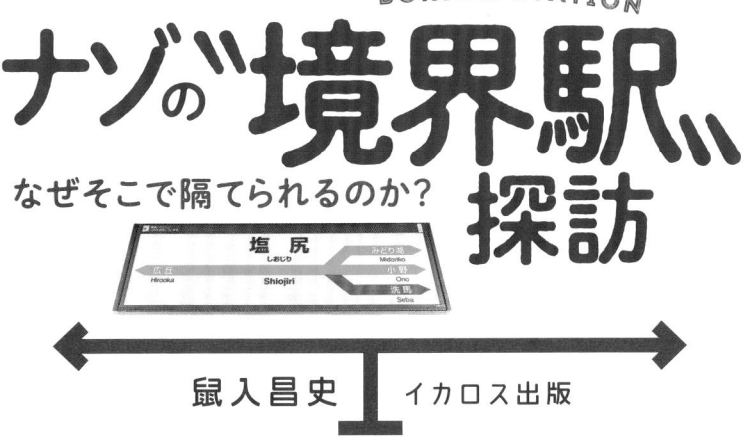

ナゾの“境界駅”探訪

CONTENTS

はじめに

境界などというものは、しょせんは人の都合で決めたものに過ぎない。都道府県境や市町村境もそうだし、海を挟んだ国境とて、この島はどっちの帰属だなんだで揉めているのだから、これこそ究極の人の都合である。

川や山（分水嶺）などが境界になっていることもあるじゃないかといわれるかもしれない。しかし、これとても、川の流路は時代によって自然の力で、また人工的な改修で移り変わるものだ。また、分水嶺は確かに流域を隔てる境界にはなっているが、それと都道府県境は一致していたりしていなかったり。

とどのつまり、境界は人が勝手に決めただけ。よしんば鉄道の境界駅などとなると、それはもう人の都合どころか鉄道会社の都合で決まってしまう。毎日その駅を使い、通り過ぎているお客の都合なども、ほとんど考慮されることはない。ただの途中駅なのにそこが私鉄とＪＲの境界駅で、いつのまにか初乗り運賃が何度も徴収されている、なんてこともある。よくよく考えれば、結構理不尽な話だ。常磐線の金町や亀有の人たちが訴えを起こす気持ちも、わからなくはない。

とはいえ、人が勝手に決めた境界にしても、偉い人が鉛筆を舐めながら線を引いたわけではない。そこに至るまでの人の営み、その町の果たしてきた役割、列車の運転系統、そうしたものあらゆるものが積み重なって、ある種の必然として境界が生まれたにちがいない。

だから、境界駅の町を歩くと、そこには境界である必然性みたいなものが見つかるのではないかと考えた。本書の中では、単純な鉄道会社間の境界から、電化・非電化、運転系統の境界、また都道府県境の駅なども旅している。稚内のような国境の町も含む。多種多様な境界駅の旅の中から、その町が境界である意味を見いだしてもらえれば、幸いである。

熱海

衰退からのV字回復を果たした境界の温泉地

Atami

JR東海
JR東日本

DATA

境界駅のカテゴリ 会社境界
所在地 静岡県熱海市
所属路線 東海道本線／東海道新幹線／伊東線
開業年月日 1925（大正14）年3月25日
ホーム 2面2線（新幹線）、3面5線（在来線）

❶海沿いには砂浜も。ただし、この砂浜は人工的な物で、戦前には存在しなかった
❷熱海仲見世通り商店街。熱海名物の干物店にも多くの観光客がやってくる
❸熱海といったらいまやプリンである。その向いには昭和のラーメン屋。こちらも大繁盛
❹熱海駅前。大きな広場の向こうには雑居ビルとアーケードの商店街が続く
❺アーケード商店街から脇に入った路地にも人気店が連なり、行列ができていることもしばしば

国鉄時代の管理局境がそのままＪＲの境界に

近年、オーバーツーリズムが問題になっている。オーバーツーリズムとは、受け入れキャパシティ以上に観光客が押し寄せてしまい、それによって惹起される諸問題をいう。程度がひどいと、地元の人たちの日常生活を脅かすことにもなりうる。

たとえば、日本一の観光都市・京都。受け入れ体勢もそれこそ日本一の規模だろうに、市バスは絶えず観光客で満員状態で、通勤や通学で使う人たちも乗り切れないくらいになっているという。いくら観光都市とはいえ、観光以外を生業としている人も少なくない。観光のためだからといって、オーバーツーリズムは放っておくワケにはいかない課題なのだ。観光立国も、一筋縄ではいかない。

京都のように、昔もいまも観光客で溢れている町があれば、かつて一世を風靡したものの、時代とともに衰退してしまう観光地もある。中でも顕著なのが、高度経済成長期の日本における行楽の象徴だった、〃昭和の温泉地〃だ。

社員旅行などを中心とした団体旅行客目当ての大型ホテルが温泉街を取り囲むように建ち並び、コンパニオンがお酌をするサービスがあたりまえ。旅館・ホテルの中には温泉だけでなくゲームセンターからスナックまでが揃っていて、町に出なくてもすべてがまかなえる。それでも町に繰り出すと、いわゆる風俗街のような猥雑なエリアが待ち受けていて、昭和のおじさんたちの心のスキマを埋めてくれる。

そんなこんな、ザ・昭和。圧倒的に男性優位、会社に一身を捧げて勤め上げるといった、もはや絶滅した文化に寄って立つ温泉街が、日本中あちこちにあった。「〇〇の奥座敷」などという呼び方をされるのも、温泉街がそういう役割を押しつけられていた時代だったからだ。

日本の温泉というと、いつしかそういうところばかりになっていた。熱海もまた、〃昭和の温泉地〃のひとつだった。そして、こうした昭和の温泉地は、どれもこれもバブル崩壊後の長引く不況と社会情勢の変化に抗しきれず、衰退の道を歩んでいた。熱海も例外ではなく、ほんの10年ほど前までは、「終わった温泉地」という評価がすっかり定着していた。オーバーツーリズムなんて贅沢な悩み。ひとりでも、ふたりでもいいから来てほしい。そんな、廃れた温泉地のひとつが、熱海だったのだ。

熱海駅がどう境界駅なのかは言うまでもなかろう。ＪＲ東日本とＪＲ東海、会社間の境界駅である。だから、熱海駅を越えてさらに西に向かおうとすると、ほとんどの場合で熱海駅で乗り継がねばならない。車両もＪＲ東日本、湘南色の帯をまとったものから、オレンジ帯のＪＲ東海車両に変わる。

ただ、少ないながらも沼津駅まで直通する列車もあるし、三島駅から伊豆箱根鉄道駿豆線に乗り入れる特急「踊り子」も走っている。乗り継ぎの手間もそれほどのことはなく、ほとんどの人はこの駅が境界駅であるということなど、それほど意識していないのではないかと思う。

そもそも、熱海駅が境界駅になったのも、人の都合に過ぎない。直接的には国鉄時代の管理局境だったから。熱海以東が東京南鉄道管理局、以西が静岡鉄道管理局。ただし、国鉄時代の局境は丹那トンネルを抜けた先にあった。現在の会社境は丹那トンネル東側、ＪＲ伊東線来宮駅近くにある。これは、分割民営化に際して境界を移転させただけのこと。つまるところ、境界駅といっても所詮は国鉄、ＪＲ、〝オトナの都合〟で作られたものなのだ。

だから、むしろ熱海駅が境界駅として必要以上に意識されることはない。熱海駅は、やはり東京の奥座敷とも言われた温泉地の玄関口として、大いなる存在感を発揮しているのである。

熱海の町はほとんどが丘陵地で、熱海駅周辺の海に面するわずかばかりの平地部に中心市街地が広がっている。といっても、駅があるのは海沿いからみれば高台で、この町の散策には坂を登ったり下りたりを繰り返すことは避けられない。駅前の雑居ビルから海までを結ぶモノレールを建設しようという計画がかつてあったというが、それは熱海が坂の町がゆえ。

復権を果たした昭和の温泉地・熱海

ラスカという商業施設が入っている駅ビルの改札を抜けると、駅前広場の傍らからは二本のアーケード商店街が延びている。ひとつは平和通り名店街、もうひとつは熱海仲見世通り商店街だ。この商店街は、とにかく人が多い。多いというよりは、溢れかえっているといったほうがいいくらいだ。昭和の温泉地・熱海のイメージからは高齢者ばかりだと思いがちだが、現実には若い女性のグループやカップルなどが目立つ。

それほど長くない商店街には、名物の干物を扱う店がいくつかあり、海鮮を食べさせてくれる飲食店、観光地にありがちな個性的なスイーツショップなどが軒を連ねる。いくつもの店が、行列ができるほどに繁昌している。

さらに、仲見世通り商店街を抜けた先、海に向けて下ってゆく大通りとの交差点には、ご存知「熱海プリン」の店があり、ここにはこれまた恐ろしいほどの行列があった。行列が長すぎるからなのか、通りの反対側には「熱海プリン待合所」まで儲けられている始末だ。いまや、熱海といったら干物ではなくプリンだというのか。

とにかく、熱海は若い人だらけで大盛況。ほんの10年ちょっと前までの、〝廃れた昭和の温泉地〟という熱海のイメージは、いまやまったく覆されているといっていい。

いったい、熱海の何が人気なのだろう。

東京から近いからとか、海が見えるとか、海鮮がおいしいとか、それにプリンとか、いろいろな理由はありそうだ。

そしてそのひとつに、レトロブームというのがある。熱海の持っている、昭和の温泉地らしい風情が濃厚な町並みが、かえってレトロということで若い人にウケている、ということらしい。

アーケードを抜けて海沿いに下って、しばらく歩くと、熱海銀座商店街という古くからの熱海の中心繁華街に出る。そのすぐ南側には糸川という小川が流れる。かつて、川沿いには私娼街（つまり花街）があった。花街らしい独特な

❶糸川沿いの旧花街付近にはレトロな町並みが今も残る。古い映画館をそのまま利用したショップも
❷こちらも糸川沿い、かつての花街付近。花街時代の建物もそのままで、昭和らしい雰囲気が漂う
❸熱海銀座。ここもどちらかというとレトロな商店街。左にはストリップ劇場も。ストリップのある商店街は、いかにも歓楽街温泉らしい
❹熱海駅前には熱海軽便鉄道の機関車が保存されている。豆相人車鉄道が蒸気化して熱海鉄道に名を変えた時代に使われていたものだ

様式の建物も、まだまだたくさん残っている。こうした町並みを歩くのが、なかなかに楽しいのだろう。古い建物を見た目そのままに利用している新しい店もあるようで、裏道を楽しそうに散策しているカップルを何組も見かけた。

ちなみに、熱海銀座の中には熱海銀座劇場という古いストリップ小屋がある。典型的な、歓楽街温泉らしい施設のひとつだ。「花電車」と呼ばれる独特なサービスがあるという。もしかすると、こうした猥雑さも、レトロブームの中に含まれているのかもしれない。

こうした昭和レトロと、若い人にウケのよさそうなスイーツなどのグルメが合わさって、そこに東京都心から日帰りできる便利さが加わり、熱海は〝復権〟を果たした。裏には官民双方に仕掛け人がいて、町の人々の意識改革から積極的にテレビのロケなどに利用してもらって露出を増やす作戦があったという。歓楽街温泉ならではの、スナックやキャバクラなどでのロケまで熱海市役所が窓口になったというのだから、誰でもできるような改革ではない。それをやってのけたおかげで、いまやテレビをつければ毎日のように熱海が出ているではないか。『ヒルナンデス！』あたりの情報番組なんて、ほとんど連日熱海でロケをしているような気がするくらいだ。

もちろん、熱海は東京から新幹線で40分という近さがあってこそ、復権できた。他の廃れつつある温泉地にそのまま熱海方式を当てはめたとて、うまくゆくとは限らない。それでも、１９９１（平成３）年に観光客数９４０万人というピークを迎えてから右肩下がりだったところから、２０１１（平成23）年を境にV字回復を成し遂げているのは、まったく素晴らしいことである。

熱海の温泉は、実に由緒正しい温泉だ。関ケ原の戦いの数年前に徳川家康が熱海の湯に浸かって気に入り、三代将軍家光は湯治のための御殿まで造らせた。大名たちもこれにあやかって熱海詣でを繰り返し、江戸の庶民も熱海の湯に憧れた。さすがにいまのように気軽に熱海に行ける時代ではなかったが、熱海の源泉を樽に詰めて江戸まで運び、温め直して湯屋で利用するビジネスが生まれている。

明治に入っても、すぐには庶民が熱海まで気軽に行けるようにはならない。むしろ、明治政府の要人たちの別荘地になった。たとえば伊藤博文・黒田清隆・大隈重信・井上馨らは、帝国憲法などについて話し合うために熱海に泊まっている。名所のひとつである熱海梅園も、この時期にできたものだ。

ただ、この頃は熱海に行くまで小田原から駕籠に乗って半日もかかっていた。１８８０（明治13）年になって道路が整備されて人力車で5時間程度に短縮されたが、まだまだ庶民には手が届かない。１８９６（明治28）年になって、ようやく人車鉄道が開業し、はじめて熱海に鉄道（に類するもの）がやってきた。この間の１８８９（明治22）年には、尾崎紅葉の『金色夜叉』が大ヒット。庶民の間で熱海への憧れが高まっていた折の、人車鉄道開業だった。

そして、ようやく１９２５（大正14）年に湯河原〜熱海間に本格的な鉄路が開かれる。１９３４（昭和9）年に開通する丹那トンネルに先立っての、熱海線終着駅としての熱海駅開業だった。

これ以後、本格的に熱海の町は庶民のための温泉地として変貌してゆくことになる。戦後には新婚旅行のメッカとなり、新幹線開業に前後して団体旅行先として人気を集める。大型旅館・ホテルが相次いでできたのもこの時期のこと。そこから先の熱海の歩みは、これまで見てきたとおりだ。

つまり、境界駅であるかどうかは横に置いても、熱海の町は本格的に鉄道が通ったことで、誰もが気軽に行ける温泉地として定着したのである。鉄道の力は、それほどに大きい。

そんな熱海だが、境界駅であることを嫌でも感じさせることがひとつだけ。ＩＣ乗車券の扱いだ。ＩＣ乗車券の最大の弱点は、会社間（エリア）を跨いで利用することができない、ということだ。つまり、たとえば湯河原駅から乗って境界を跨いで三島駅まで、といった利用はできない（紙のきっぷを買わねばならない）。紙のきっぷの時代には、考えもしなかったＩＣ乗車券の弱点が、熱海の町には小さな影を落としている。

いちおう、定期券限定ならばエリアをまたげるし、どちらからも熱海駅まではやってくることができる。だから不便を感じるケースは少ないのだろう。が、いろいろ大変なのは承知の上で、なんとかならないものか。熱海がたくさんの若い人たちで賑わっているいまだからこそ、やってみる価値があるのではないかと思うのである。

米原

関西地方の東の〝結界〟の存在意義

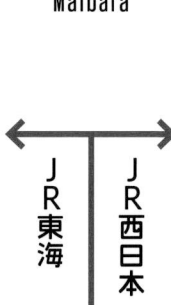

Maibara

DATA

境界駅のカテゴリ 会社間境界

所在地 滋賀県米原市

所属路線 東海道本線／北陸本線／近江鉄道本線

開業年月日 1889(明治22)年7月1日

ホーム 2面3線(新幹線)、3面6線(在来線)、1面2線(近江鉄道)

❶米原駅の東口、線路沿いには広大な空き地。その隅っこには「明治天皇御駐蹕址」の碑。鉄道開業以前の1878(明治11)年10月に、明治天皇は米原を訪れている
❷細い路地はかつての農道の痕跡か。米原駅西口は新幹線開業の頃までほぼ一面の田園地帯だった
❸米原駅西口の目抜き通りから駅方面を見る。周囲には駐車場ばかりが目立つ
❹米原駅の西側を流れる川。この川を隔てて南側から琵琶湖にかけては入江と呼ばれる湖が広がっていた
❺西口田園地帯の中にある、大谷吉継の首塚。本当にこの地に吉継の首が埋められているかどうかはわからないらしい
❻のどかな田園地帯は、交通の要所として400年来の歴史を刻んできた町とは思えない風景だ

東口には大きな空き地、西口には東横イン

米原駅は、名古屋など東側から見ると紛れもなく「関西の入り口」にあたる。逆もまたしかりで、京都・大坂方面からやってくると、米原駅は「関西の縁」という役割を持たされる。さらにいえば、米原駅という〝点〟ではなく、線による〝結界〟とでもいったほうがふさわしいかもしれない。

東海道本線の米原以西と、米原駅を起点とする北陸本線の長浜駅までは、「琵琶湖線」の愛称が定着している。北陸本線は米原～敦賀間も東海道本線と同じ直流電化区間で、琵琶湖線区間を越えて近江塩津・敦賀まで走る新快速も多い。名古屋方面から見た場合、そうした琵琶湖線の新快速電車が、結界のごとく関西地方に入るのを拒んでいるかのように感じられるのだ。

ちなみに、2023（令和5）年時点で、JR東海とJR西日本の境界駅である米原駅を跨いで走る列車は、特急「ひだ」と「しらさぎ」、「サンライズ出雲／瀬戸」があるだけだ。天下分け目の関ケ原を越えてやってくる普通列車はすべて米原止まり。否が応でも、米原駅とその前後の鉄路による〝結界〟は意識せざるを得ない。

などといいつつも、それは米原駅前後の区間を在来線で通過する人のお話である。だいたいの人は、東京・名古屋方面から大阪方面へ、新幹線に乗って米原駅など歯牙にもかけずに通り過ぎてしまう。

いちおう、米原も新幹線駅のひとつで、各駅停車の「こだま」はもとより「ひかり」の一部も停車する。滋賀県内においては唯一の新幹線駅でもある。しかし、「のぞみ」に乗って先を急ぐ大部分のお客は、米原駅の存在を気にとめることなど、ほとんどないといっていい。

少し考えてみれば、それもまたおかしな話ではないかと思う。

米原駅は、第一に東海道本線と北陸本線が分かれる交通の要所だ。加えて新幹線、そしてローカル私鉄の近江鉄道

も乗り入れる。滋賀県内において、三社四路線が乗り入れるターミナルは米原駅以外には存在しない。県都のターミナル・大津駅もしかり、県内の利用者数最多を争う草津駅・南草津駅もしかり。いずれもほとんど東海道本線、琵琶湖線一本槍で存在感を示している。米原駅は、その点まったく草津駅や大津駅にも負けない存在のはずだ。

第二に、米原駅はJR東海とJR西日本の境界駅だ。新快速電車にとっての終着駅という一面も持つ。滋賀や京都どころか、京阪神で暮らしていて「米原」と書かれた行き先標を見たことがない人などひとりとていないのではないか。それくらい、名前だけは知っている。それでいて、興味を持たれない。あまりに不憫だし、逆に実に気になるではないか。米原駅が交通の要衝にして関西とその外を隔てる境界であることに疑いの余地はない。そんな要所のターミナルは、いったいどんな駅なのだろうか。

ちょうど琵琶湖のほとりに南北に線路が走る米原駅。駅のすぐ北側で、東に曲がる東海道本線。大きなカーブを描きながら北東に進む新幹線、西に折れて琵琶湖畔を行く北陸本線に分かれている。それらが米原駅で合流すると、近江鉄道が加わって、東海道本線だけが西に進路を取っている。新幹線と近江鉄道はほぼ一直線に南進だ。両者の間には、佐和山という標高230mほどの山がある。

米原のお隣、彦根という駅はいうまでもなく彦根城の城下町だ。彦根城は近江彦根藩井伊氏の居城。関ケ原の戦い後に井伊直政が彦根に入り、築城した。米原もまた、彦根藩の領内である。

それ以前の彦根一帯を治めていたのは石田三成だ。三成の居城は彦根城ではなく、佐和山にあった佐和山城。「三成に過ぎたるものが二つあり、島の左近と佐和山の城」と言われたほどの名城だったという。ほぼ同じ場所に城を構えた武将の命運を分けた天下分け目から400年。佐和山城の跡を隔てて新幹線と東海道本線が二手に分かれているというのも、なんだか不思議な縁を感じてしまう。

米原に戻ろう。

米原駅は、高架の新幹線がいちばん西側を通り、地上の在来線と近江鉄道が東側。中心になる出入口は……東と西の、いったいどちらなのだろうか。実際にそれぞれの駅前を歩いてみても、まったく見当がつかない。

在来線側の東口は、駅前広場のすぐ脇に米原市役所があり、目の前を国道8号が通っている。ただ、それ以外にはほとんど何もない。それどころか、米原市役所の向かいの線路沿いは広大な空き地になっている。

東口が空き地なら、西口はどうだ。そう思って移動してみると、こちらもまあ、お世辞も出てこないほどに何もない。円形の中央島を持つロータリーの傍らにはビジネスホテルの東横イン。もうひとつロータリーに面してオフィスビルが建っているが、それ以外にはコンビニとて見当たらない。

一度だけ、この米原の東横インに泊まったことがあるが、そのときは夕食で途方に暮れた。その日が日曜日の夜という悪条件だったことも重なり、食事をする店がない。かといってコンビニも少し歩かねばならない。これほどまでに何もない駅前は、そうはない。それもただの駅ではなくて、繰り返しで恐縮だが東海道本線と北陸本線の分岐駅、そして東海道新幹線も乗り入れる交通の要衝なのに。

駅から離れたところに市街地があるのかと思っても、まったくそんなことはない。米原駅西口駅前には小さな住宅地があるくらいで、5分も歩けば琵琶湖畔の田園地帯。その中にぽつんと小さなお社があるので近づいて見ると、「大谷吉継首塚」とある。関ケ原の戦いで石田三成に従って西軍で戦い、敗死した武将だ。その首塚が米原駅近くの田園地帯にぽつん。なんだか空恐ろしくなってくる。

ところが、改めて東口に移って駅から少し離れた国道8号の向かい側の路地に入ってゆくと、様子が変わってくる。くねくねと微妙なカーブを繰り返している細い道沿いに、いかにも古めかしい町家が建ち並んでいるのだ。ところどころには、町家を活かしたカフェや宿泊施設の類いもある。そして少し北に歩みを進めると、Y字路の付け根に小さく立っていたのが「北陸道中山道分岐点道標」だ。そう、鉄道の時代になるより遥か昔から、米原の町は北陸方面との分岐点だったのである。

❶

❸

❷

❹

❶このＹ字路の右が関ケ原方面、つまり中山道。左手に進むと北国街道で、北陸地方に通じている
❷東口から国道を渡った先には、古い町家も目立つ旧街道米原宿の町並み。番場宿と北国街道を連絡することで生まれた宿場だ
❸東口の空き地のさらに南側には、鉄道総研の風洞技術センターがある。その構内には新幹線車両が展示されている
❹米原駅東口広場の片隅に、米原湊跡の碑。江戸時代初めに米原湊が開かれて彦根藩に重宝され、米原の交通の要所としての歴史がはじまった

目立たなさこそが、交通の要所・米原の存在意義

米原の町のはじまりは、江戸時代初期の慶長年間だ。彦根藩主井伊氏の支援を受けて、北村源十郎が米原に湊を開いた。米原湊といい、米原駅東口広場の隅っこにその跡を示す碑が置かれている。そして、北村源十郎さんはもうひとつ、大きな仕事をした。より東側の山の中を通っていた中山道の番場宿から北国街道までの脇道、〝番場道〟を開いたのだ。これにより、米原は北国街道と中山道の分岐点になった。そこに開かれた米原湊。かくして、米原は陸運と舟運が結びつく要衝の地としてスタートしたのである。中でも米原湊は長浜湊・松原湊と並んで彦根三湊の一角を占め、物資の集積地として賑わっていたという。

近代に入ると、琵琶湖にも汽船が就航するようになり、湖上交通の役割は一層大きくなってゆく。特に、鉄道が開業すると琵琶湖舟運の役割には大きな期待が寄せられる。1877（明治10）年、明治政府は琵琶湖の舟運を間に挟んで京都〜大津〜米原〜敦賀間の鉄道建設を決定する。米原の名前が挙がったのは、歴史的にもとうぜんであった。

しかし、実際に琵琶湖畔の水陸連絡のターミナルになったのは、米原駅ではなく長浜駅であった。この背景には、当時の井上勝鉄道局長の判断があった。

井上は、米原ではなく敦賀により近い長浜をターミナルにすることで、関ケ原方面への延伸も容易になると考えた。さらに、米原湊は水深の低い沼地のようなもので、大型汽船が盛んに出入りするには不向きだった。こうした事情を踏まえて井上はターミナルを長浜に決定したのだ。長浜駅は1882（明治15）年に開業。最初は長浜〜柳ヶ瀬間で、翌年には関ケ原方面への延伸も果たした。このとき、いったん米原という存在は忘れ去られてしまったのである。

米原が再び表舞台に出たのは、長浜駅開業の7年後。1889（明治22）年に米原駅が開業する。長浜と大津の間の湖東地域には鉄道が通らなかった。そこで、旧彦根藩主井伊直憲らが建設を請願。それが功を奏したのか、政府も

動いて大津〜米原〜長浜間と米原〜深谷間の建設が決定した。

これによって、長浜と大津を結んでいた湖上の鉄道連絡船は役割を終え、米原は東海道本線と北陸本線の分岐点という役割を担うことになる。歴史的な流れでいうならば、北国街道と中山道の分岐点がそのまま鉄道に移行した形といっていい。米原は、交通の要所の立場を取り戻したのである。

交通の要所となって、米原駅には機関区や工場などが併設され、周囲には鉄道の官舎や診療所なども置かれるようになる。いわゆる「鉄道の町」として賑わいを見せるようになっていったのだ。米原は、かつて国鉄が認定していたいわば公式の「鉄道の町」のひとつに選ばれている（他には大宮、岩見沢、吹田、多度津、鳥栖などがある）。いまの米原駅には小規模な車両基地などがあるくらいで、鉄道の町らしい面影は失われている。しかし、これこそが交通の要所の面目躍如。湖上交通から鉄道へと主役が変わりながらも、米原は要の地位を守り続けてきたというわけだ。

ちなみに、米原駅の東口を出て空き地と線路の間の小路を歩いて行くと、新幹線の車両が並んで展示されている一角がある。鉄道総合技術研究所の風洞技術センターで、かつて新幹線の車両開発にも力を尽くした。0系新幹線のだんご鼻の形状は、ここ米原での風洞実験の末に生まれたといっていい。やはり、米原という町を避けて日本の鉄道を語ることはできないのである。もはや、交通の要所、鉄道の町としてネットワークを支えてきた米原にとって、駅の周りに何があるかないかなどは、たいした問題ではないのかもしれない。

そんな米原にも、もうひとつ誇るべきものがある。幕末に長浜に開いた旅籠からはじまり、1889（明治22）年以来一貫して米原駅で弁当を売り続けている駅弁の井筒屋だ。いまの名物駅弁は「湖北のおはなし」という。中にキャンディを入れたサイコロが遊び心。必ず「5」が上を向いている。詩人のドリアン・T・助川は、『駅弁ファナティック』の中で「湖北のおはなし」を取りあげている。「六を出してはいけない　出し抜いてはいけない（中略）六を出して早上がりさえしなければ　少なくともすごろくを続けることはできる」。出し抜くことはなく、それでも確かに歩んできた、米原の町そのものである。

山崎

Yamazaki

天下の趨勢を分けた府境の町

大阪府 ⟷ 京都府

DATA

境界駅のカテゴリ 都道府県境
所在地 京都府乙訓郡大山崎町
所属路線 東海道本線
開業年月日 1876（明治9）年8月9日
ホーム 2面4線

❶阪急京都線の大山崎駅。東海道新幹線の高架がすぐ脇を通っている
❷西国街道沿いには府境を示す標識も。写真は大阪府の島本町側から撮影したもの
❸離宮八幡宮は山崎の守り神として、中世には自治の中核になった。嵯峨天皇の離宮にちなむ
❹山崎駅前にある妙喜庵の待庵は、千利休の手による唯一の現存茶室と伝わる。山崎の戦いの折に天王山に設けたものを移築したという説も
❺線路沿いには大山崎瓦窯跡。平安京の造成に必要な瓦を生産した史跡で、山崎が古くから重要な地であったことがうかがえる

天王山を制する者は、天下を制す

昔、ここでいくさがあった。

天下分け目の関ケ原……ではなく、天下分け目の天王山。本能寺の変で主君の織田信長を討った明智光秀を〝中国大返し〟を決めた羽柴秀吉が打ち破った、天王山の戦い（山崎の戦いともいう）だ。秀吉は、この戦いをきっかけに天下人への階段を登ってゆく。

そういうわけで、天下分け目の大決戦を、いまでも「天王山」などと呼ぶようになった。よく使われるのはプロ野球やJリーグのようなプロスポーツだろうか。２０２３（令和5）年のプロ野球・日本シリーズ第7戦。阪神タイガースは試合前の円陣で「今日が天王山」と言っている。文字通り一年で最後の試合であり、これに勝利したタイガースは38年ぶりの日本一に輝いた。天王山の戦いに勝利すれば、天下を取れるのである。

ただ、天下分け目という点でいうなら、関ケ原のほうがふさわしいような気もする。

関ケ原の戦いで勝利した徳川家康は、その時点で天下をほぼ手中に収めた。いっぽうで、秀吉は光秀を破ってもすぐに天下人になれたわけではない。清洲会議で織田家中における主導権を握る必要があったし、その後も織田の筆頭家老・柴田勝家を退けねばならなかった。さらに、家康をはじめ四国の長宗我部、九州の島津、関東の北条など、天下統一の障害になり得る勢力をひとつひとつ攻略してゆくことも求められた。それなりに順調だったとはいえ、天王山の戦いから天下統一まではいくつものハードルがあったのだ。だから、〝天王山〟の比喩表現は、いまひとつ的を射ていないような気がするのだ。

ところが、実際の天王山の戦いと山崎・天王山一帯の地理を見ると、この比喩表現の本当の意味が分かった。

実は、天王山の戦いでは、天王山そのものは戦場になっていない。戦場は、天王山の裾野に広がる山崎一帯、淀川沿いの湿地帯だった。むしろ、戦場を見下ろすことになる天王山を掌握したことで、秀吉はこの戦いを有利に運んだ。だから、天王山の比喩表現は、戦いそのものではなく、勝敗を決める要の地を制するかどうか、という意味合いだったのだ。そんなこととっくに知ってるよ、といわれるかもしれないが、言葉というのはかくも難しい。

ちなみに、「夏休みは受験生の天王山」などとも言われる。夏休みを制するものが受験を制する。実は、これこそ本来の〝天王山〟の正しい使い方をしているのだ。

そして、山崎駅一帯とその北に聳える天王山は、まさに天下を分かつ戦いの舞台になった。そのことは、紛れもない事実だ。どうして山崎の地が天下分け目の決戦場になったのか。

天王山の麓、山崎の町の南側には、淀川が流れる。ちょうどこの場所で、桂川・宇治川・木津川が合流して淀川に。淀川の対岸には、石清水八幡宮の鎮座する男山が見える。つまり、山崎は三本の川がひとつに合流し、両岸には山が迫った狭隘地にある町、というわけだ。

いまの山崎には、京阪間を連絡するあらゆる交通機関が肩を寄せ合うようにして通っている。いちばん北、天王山をトンネルで抜けているのが名神高速道路。天王山の山裾にはJR京都線（東海道本線）が通り、淀川沿いに東海道新幹線と阪急京都線。さらに淀川の堤防の上には国道171号が通る。対岸の男山の麓には、京阪本線も走っている。京都から大阪に抜けるには、この狭隘地を通るほかないのでとうぜんといえばとうぜんだが、狭いところにこれだけの主要交通機関が集まっているというのは、地図で見ればなかなか壮観だ。

歴史的にも、山崎は古くから京と大坂を結ぶ交通の要衝だった。古代には山陽道が通って山崎駅が置かれた。平安京の玄関口にあたり、嵯峨天皇は山崎の地に離宮を構えた。淀川の舟運も盛んに利用されていて、山崎には河港の山崎津があったという。平安時代後期に赴任先の土佐から帰京する紀貫之も、山崎津で陸に上がった。そのとき見た山崎の町並みの賑やかさは、『土佐日記』に記されている。

また、木曽義仲に京を追われた平家一族は、山城と摂津の国境にあたる山崎で、都落ちを実感したというのは『平家物語』にあるエピソードのひとつだ。このように、平安京が国の中心だった頃、国境の山崎は平安京の出入口、〝境界〟のような存在になっていた。

その後も交通の要であったことは変わるはずもなく、中世にはある程度の自治が認められていたようだ。この時期、山崎は荏胡麻油の商いで活況を呈している。西日本で生産された荏胡麻が山崎に集められ、油を絞って京や大坂で売りさばかれていた。その中心にあったのが、いまも山崎駅ほど近く、旧西国街道沿いにある離宮八幡宮。八幡宮の前から西国街道を少し西に歩けば、かつての山城と摂津の国境、いまの京都府と大阪府の府境だ。関大明神社の脇には、京都府と大阪府の境界であることを示す案内が立つ。

古来から続く〝国境の要衝〟の面影

西国街道沿いの一帯は、まさに近世以来の街道筋の町並みをいまに残している。神社仏閣も多いし、木造の町家も目立つ。ＪＲ京都線や新幹線、高速道路にはじまって旧街道の面影も。山崎は、京と大坂、京都と大阪の境界が時間を超えて詰まっている町なのだ。

そんな山崎に鉄道がやってきたのは、１８７６（明治９）年のことだ。官設鉄道が西から延びてきて、高槻〜向日町間が開業したのと同時に山崎駅もできた。いまでは新快速はもちろん通過、ＪＲ京都線の駅の中ではいちばんお客が少ない小駅だ。だが、あとからできた新参の駅ではなく、開業時からのオリジナル。それもこれも、山崎の地の歴史的な役割があったからこそといっていい。

山崎駅から目の前の道を少し下って離宮八幡宮の門で西国街道に。その道を、府境とは反対の東に向かって少し歩く。すると高架の線路が見えてきて、その下にあるのが阪急京都線大山崎駅だ。ＪＲ京都線と阪急京都線の駅が、互いに最も近づいているのが山崎駅と大山崎駅だとか。これもまた、狭隘地に並んで走っているからだ。この駅も、

❶山崎駅西側の踏切の向こうにはサントリー山崎蒸留所。線路沿いは「サントリーカーブ」の名で知られる撮り鉄スポットでもある
❷山崎駅の出入口とは反対側、線路の北側に天王山の登山口。途中にはアサヒビール大山崎山荘美術館もある
❸対岸の天王山登山口の入り口あたりから山崎の町並みを見下ろす。遠くに見えるのは淀川対岸の男山
❹淀川沿いの国道171号から京都方面を見る。名神高速道路のインターチェンジがあり、イオンの大型倉庫などがある
❺京都から大坂を経て山陽方面を結んでいた旧西国街道の町並み。近世には山崎宿、古代山陽道の時代には山崎駅が置かれていた

１９２８（昭和３）年に新京阪鉄道が開業した時点から設けられている。

なお、いまの大山崎駅は高架だが、もちろん開業当時は西国街道を踏切で跨いで地上を走っていた。高架になったのは１９６３（昭和38）年のこと。ちょうど東海道新幹線の建設が進んでいる時期で、半年ほどは阪急が新幹線の高架を間借りして走っていた。わずかなスペースにいくつもの交通機関がひしめく山崎ならではのエピソードであろう。

先んじて完成した名神高速道路とともに、新幹線は地元の人の反対運動に遭っている。特に町中を高架で抜ける新幹線では、50戸ほどの住宅が立ち退きを余儀なくされている。さらに、開業後は騒音・振動に悩まされた。これもまた、交通の要衝がゆえの苦悩というべきか。誰もが避けて通れない要衝の地は、鉄道や高速道路の時代になると〝通過する町〟になる。誰も立ち寄ることなく通過だけをされてしまい、負の影響だけを押しつけられる――。それはそれで、何も考えずに電車に乗っているだけの人にはわからない苦しみがあるのだろう。

ともあれ、長い歴史を持つ要衝の町のターミナルだからなのかどうなのか、駅舎は１９２７（昭和２）年に完成した木造のものを、いまも大切に使い続けている。小さな駅舎からホームには、地下の通路を通って向かう。ホームは２面４線なのだが、新快速は停まらないので実質は２面２線だ。

そのうち、下り列車のホームの端っこには、京都府と大阪府の境界を示す標識が置かれている。１９７６（昭和51）年、駅開業１００周年を記念して、当時の駅員たちの発案で設置されたのだとか。長らく風雨にさらされて劣化し、１９９６（平成８）年にいまのものにリニューアル。すっかり小駅となっている山崎駅だが、交通の要だったことへの敬意だけは忘れていないのだ。

そして、町の中には他にも〝境界〟を示す碑がある。ひとつは、先にも書いた関大明神社の傍らの府境標識。もうひとつは、淀川沿いの国道１７１号の道路脇。川沿いの草の茂みに隠れるように、ひっそりと小さな碑が置かれている。いったいいつ頃から置かれたものなのかは判然としないが、そのしつらえからは他の府境標識と比べてもかなり古いものであることはまちがいなさそうだ。

嵯峨天皇が離宮を構えたことからもわかるように、山崎の地は古くから要人たちの別荘地としての役割もあった。そのひとつが、戦前の実業家・加賀正太郎が天王山の山腹に構えた山荘だ。いまはアサヒビールに引き継がれ、アサヒビール大山崎山荘美術館として公開されている。山崎を代表する観光スポットのひとつだ。

そんな別荘地の時代の面影もまた、明瞭に残っている。駅の北側、天王山の麓の傾斜地には、大きな邸宅がずらりと並ぶ。都心からは少々離れすぎているきらいもあるが、それがゆえに別荘地としてはちょうど良いのだろう。そして、境界の町という重要な役割を課せられていたからこその、町の発展があった。

最後に、山崎駅といったら忘れてはいけないものがある。

西国街道を西に歩いて大阪府島本町に入り、JR京都線を踏切で北に渡ったその場所にあるのが、サントリーの山崎蒸留所。日本で初めてのウイスキー蒸留所として、1923（大正12）年に誕生した。サントリーの創業者・鳥井信治郎が「スコットランド以外で成功した例はない」と反対されながらも果敢に挑み、成功する。所長として貢献したのが、スコットランドでウイスキー製造を学んできた竹鶴政孝。鳥井との契約終了後、竹鶴は北海道に渡って余市のニッカウヰスキーを興している。つまり、山崎はジャパニーズ・ウイスキー発祥の地でもある。

なぜ山崎でウイスキー作りが成功したのか。専門的なことはわからないが、大きな要因のひとつが、天王山の伏流水にあることはまちがいないだろう。

山崎駅の目の前にある妙喜庵というお寺には、国宝に指定されている待庵という茶室がある。日本最古の茶室で、千利休が手がけたものだとか。利休は天王山の戦いの折に、秀吉の陣中で茶室を設けて茶を点てた。また、戦後も山崎に暮らしていたという。天王山の伏流水は、天下の茶人にも愛された名水だったのだ。

天王山を制するものは天下も制する。天下取りのいくさも、茶の道も、ウイスキーも。好むと好まざるとにかかわらずこの地を通らざるを得なかった街道も鉄道も、天下分け目の天王山に見守られ続けているのである。

新大阪

新幹線から新幹線へ

Shin-Osaka

山陽新幹線

東海道新幹線

DATA

境界駅のカテゴリ 路線の境界

所在地 大阪府大阪市

所属路線 東海道新幹線／山陽新幹線／東海道本線／おおさか東線／Osaka Metro御堂筋線

開業年月日 1964（昭和39）年10月1日

ホーム 5面8線（新幹線）、5面10線（在来線）、1面2線（御堂筋線）

❷

❸

❶

❹

❺

❶新大阪駅の在来線ホームを跨線橋から見下ろす。特急「くろしお」や「サンダーバード」など全列車が停車する
❷新大阪駅3階から外に出ると、タクシーのりば。どことなく昭和の香りもするターミナル前の風景だ
❸日本で最初に生まれた新幹線の終着駅。だからなのか、駅舎1階にはC57や0系新幹線などの車輪が展示されている
❹こちらは宮原の車両基地を新御堂筋の高架から。右の高架線は山陽新幹線
❺新大阪駅の1階。3階のコンコースなどと比べるといくらか人通りは少ない。修学旅行生が集合するのはこのあたり

玄関口まで届かないザ・大阪

大阪は不思議な町である。

仁徳天皇が難波宮を構えて以来、１７００年以上の歴史を持つ。中世には本願寺の拠点となって、織田信長をはじめとする権力者に激しく抵抗を続けた。天下が統一されてからは、かの太閤殿下、豊臣秀吉が大坂城を築いて城下町。近世になると、堂島に米会所が置かれて「天下の台所」。安治川や木津川、道頓堀などの水路が整備されて、水都としての側面も有した。

近代に入っても商いの町であることは変わらず、住友・三菱といった大財閥が大阪で生まれている。さらに、繊維産業を中心に工業も栄え、取った異名は「東洋のマンチェスター」。海沿いに建ち並ぶ工場からは絶えず煙が立ちのぼり、「煙の都」などとも呼ばれた。大正末期の市域拡大で、人口から経済規模まで東京を抜いて日本一。阪神、阪急、近鉄、南海、京阪といくつもの私鉄が勃興し、〝私鉄文化〟を築いたのも大阪という大都市があったから。そしていまも、大阪は人口約２７０万人を抱える三大都市の一角である。

通り一遍に大阪を説明するとこういうことになろう。ただ、もちろんこれだけで大阪を説明しきることはできない。たとえば、〝大阪的なもの〟と言われたら、何を挙げるだろうか。

大阪城ももちろんそのひとつ。大阪駅・梅田駅を中心としたキタの繁華街。それに対して難波駅を中心としたミナミ。グリコのネオンサインが煌めく道頓堀も、大阪のシンボルのひとつだ。

また、同じミナミでも、道頓堀や心斎橋、千日前などの繁華街と、通天閣がシンボルの新世界ではまったく様相が異なる。西成のように小さな木造住宅が密集しているエリアもあれば、中之島一帯のシビックセンターもある。まあとにかく、大阪というのはあらゆるイメージが輻輳している極端な町、というわけだ。

そんな魔界・大阪の玄関口が、新大阪駅である。陸路、鉄道に乗って大阪に赴くときには、だいたいの人がまず新幹線でこの駅に降り立つ。そこからタクシーに乗ったり、地下鉄御堂筋線に乗り継いだりして目的地に向かう。

御堂筋線という地下鉄は実によくできている。新大阪という玄関口に乗り入れているのはとうぜんとして、まっすぐ大阪の市街地を貫く。結んでいるのは、梅田・淀屋橋・心斎橋・難波・天王寺。つまり、大阪の主要どころをすべて通っているのだ。

もちろん大阪城や京セラドーム、ＵＳＪに海遊館などが目的の場合は、御堂筋線だけではまかなえない。ただ、主要な町をここまで効率的に結んでいる地下鉄は、ほかのどの大都市にも見当たらない。キタとミナミというふたつの町の核を持ちながらも、それが互いに結び付きつつバランスが取れているのは、御堂筋線のおかげである。

ともあれ、新大阪駅は東海道新幹線と山陽新幹線の境界駅であって、御堂筋線など接続する路線の力も相まって、大阪の町において圧倒的な存在感を持つ玄関口になっている。

ここで気になるのは、新大阪駅は大阪の玄関口であるというのに、〝大阪的なもの〟の香りがあまりしないことだ。新幹線のターミナルだから大阪以外からやってくる人たちが多く、〝大阪〟が薄まっているというのもあるだろう。それに、いきなり新世界のようなコテコテの大阪を見せつけられても困る。だからこの程度でいいといえばいいのだが、それでもちょっと寂しい。これはどういうことなのだろうか。

そもそも、新大阪駅のある淀川北岸の一帯は、もともと大阪ではなかった。それどころか、大阪駅のある梅田一帯も、大阪の中心市街地とは遠くかけ離れた場所だった。鉄道が大阪の中心部に乗り入れなかったのは、新橋・横浜の失敗があったからだという。都市の中心部に無理をして乗り入れると、そこから先の延伸に支障をきたす。簡単にいえば、ターミナルを境とした直通運転が難しくなる。そのため、あえて大阪駅は町外れに置いて、スルー方式で京都・神戸方面への直通運転をしやすい構造にしたのだ。

この思想は、新大阪駅にも受け継がれた。

「キタ」のさらに北方に生まれた玄関口

大阪駅の場合は、それでもできる限り大阪の中心市街地に近づけようと迂回した場所に設けられた。結果として周囲にはキタの繁華街が新たに生まれたのだから、功績は大きい。

いっぽうで、新大阪駅は中心市街地に近づけることもほとんどしていない。すでに大阪駅・梅田駅周辺は市街地化していて新たに駅を設ける余裕がなかったこともあるし、淀川を二度渡ることを避けたというのもあるだろう。ただ、何より大きい理由は、建設時点で山陽方面への新幹線の延伸を前提にしていたからに他ならない。つまり、新大阪駅は生まれながらの境界駅なのだ。

東海道新幹線の新大阪駅開業は、１９６４（昭和39）年10月1日。在来線の東海道本線との交差地点に設けられた。大阪駅を経由せずに西方に向かうための短絡線、北方貨物線の直上にホームがあり、用地買収の手間などを省いた結果の位置決定であったという。

いまも北方貨物線は健在で、新幹線の車窓からは貨物線沿いの車両基地を見下ろすこともできる。また、新大阪駅南側の駅前広場は、北方貨物線と南北に通る東海道本線、北方貨物線とのアプローチ線に囲まれている。泣く子も黙る大阪の玄関口の正面なのに、どことなく殺伐とした雰囲気があるのは、線路に囲まれているせいで自由な開発が妨げられているからなのかもしれない。

なお、新大阪駅にいちばん最初にやってきたのは新幹線ではなく、地下鉄御堂筋線だ。新幹線よりほんの1週間ほど早く、１９６４（昭和39）年9月24日に大阪市営地下鉄御堂筋線の梅田〜新大阪間が延伸開業している。

御堂筋線は淀川を渡って地下に潜るまで、新御堂筋の真ん中を走る。そのことからわかるように、新御堂筋もほぼ同時期に完成した。

❶

❸

❷

❺

❹

❶新大阪駅の駅前広場から南西側を見る。正面には北方貨物線のアプローチ線があり、その奥にオフィスビルやホテルが建ち並ぶ
❷新大阪駅前のロータリーから新御堂筋に合流する地点を下から見上げる。新御堂筋の高架に沿って南にゆけば、西中島南方の繁華街
❸新大阪駅東口の南出口。ちょっとした広場と周辺には飲食店ゾーン。ホテルなども多いエリアだ
❹新御堂筋をくぐって北西側に出ると、日本生命の巨大なビルが出迎える。周辺には日本生命系のビルが多い
❺駅コンコースには千成びょうたん。太閤・豊臣秀吉のシンボルだ。待ち合わせスポット……というほどは周囲に人は集まっていない

このように、新大阪駅は開業以来、新幹線と在来線に加えて北方貨物線や新御堂筋と、地上に高架にいくつもの巨大な交通機関が輻輳している町になっている。だから、新大阪駅というのは想像以上に〝ダンジョン〟だ。

さらに状況をややこしくしているのは、地下鉄なのに御堂筋線が高架を通っているということ。新幹線の改札を抜けて御堂筋線に乗り換えようとすると、地上三階のコンコースから飲食店街などのある地上二階に下り、そこから地下鉄の改札を抜けた先で地上三階に登る。登ったり下りたり、途中に551蓬莱の行列を見たりしているうちに、ワケがわからなくなってくる。だからといって地上一階から外に出ても、駅前広場は件のようにデルタ線と新御堂筋に囲まれているから袋のネズミだ。

新大阪駅にやってくる人のほとんどは、駅周辺に用事があるわけでなく、どこか別の場所に向かう。一目散に在来線か地下鉄に乗り換える。案内表示に従っていれば迷うことはないが、時間があるときにこの駅を徹底的に歩いてみてはどうだろうか。きっと、どんなに方向感覚に自信があっても迷ってしまうにちがいない。そんな新大阪駅の形は、すでに開業時点でほとんど定まっていたのだ。

それでも新幹線効果はてきめんだった。北方貨物線やそれに付随する宮原操車場を除くと、ほぼ田園地帯だった一帯は、駅の開業とともに大きく変わってゆく。駅南方、阪急京都線と御堂筋線が交差する西中島エリアは、ちょっとした歓楽街に発展。駅北西側はオフィス街に生まれ変わり、日本生命の巨大なビルがいまやシンボルのひとつだ。在来線よりも東側はいくらかのどかな雰囲気が残っているが、それでも駅周辺には飲食店が建ち並び、少し離れても住宅地がメインの市街地が続く。これらすべては、完全に新大阪駅によってもたらされた町である。

さらに新大阪駅は、1970（昭和45）年に千里丘陵で開かれた万国博覧会（大阪万博）への玄関口となって、一層存在感を高めてゆく。御堂筋線は万博会場まで延伸し、新幹線と一体となって万博輸送を担った。実に6400万人もの来場者数のうち、2／3が鉄道利用だったとか。この万博ではじめて新幹線に乗った人も多い。万博に前後して千里丘陵に千里ニュータウンが開発され、新大阪駅は北摂地域への玄関口という役割も新たに担うようになった。

そして、1972（昭和47）年に山陽新幹線新大阪～岡山間が開業し、新大阪駅は境界駅になる。開業と同時に多くの列車が直通運転を行ってきたため、境界駅であることを意識する機会はほとんどなかっただろう。ただ、2011（平成23）年に九州新幹線が全線開業したことで、いまは少し事情が変わっている。

山陽新幹線から九州新幹線に直通する「みずほ」「さくら」は、東海道新幹線には入らない。同じ形式の車両を使っていても、「みずほ」「さくら」はあいにく8両編成。全編成が16両で統一されている東海道新幹線への乗り入れはまかりならん、とJR東海さんが言ったとか、言わなかったとか。

結果、新大阪駅は九州直通の〝始発列車〟を新たに多く抱えることになった。だから、飛行機を使わずに東京から熊本まで旅をする場合、新大阪駅で乗り換える必要がある。いままで、ほとんど誰も意識してこなかった〝境界駅としての新大阪駅〟が、ここに来て急に意味を持つようになったということだ。東京や名古屋から熊本まで新幹線で行く人なんて少ないよ、とご指摘をいただくかもしれない。が、熊本の人が京都に行こうと思ったら、やっぱり新大阪駅での乗り継ぎが必要なのである。

こうして新大阪駅の歩みを振り返ると、この駅の〝大阪的なもの〟の薄さの理由がわかるような気がしてくる。大阪的なものは、いずれも歴史と伝統の大阪である。ところが、新大阪駅とその周辺は、せいぜい50年ちょっとの歴史しか持たない。結果、駅と町の個性は、新幹線でやってくる〝大阪外〟の人たち、さらに北摂に広がったニュータウンの人たちの色も大いに反映されるようになる。それが、大阪であって大阪でないような、新大阪の駅と町を形作ってきたのである。

と、いいつつも、やっぱり大阪らしいところも存分にある。コンコース周辺ではちゃんと551の豚まんやりくろーおじさんのチーズケーキを売っているし、階下の飲食街では串カツなどの大阪名物が目白押し。耳を澄まさなくても聞こえてくるのは、安心安全の関西弁ばかり。そして、エスカレーターは新大阪駅から〝左側通行〟だ。

新大阪駅は、大阪と大阪でないものの境界のターミナルなのである。

神戸

ふたつの大動脈が交差する

Kobe

DATA

境界駅のカテゴリ 路線の境界

所在地 兵庫県神戸市

所属路線 JR東海道本線／JR山陽本線

開業年月日 1874（明治7）年5月11日

ホーム 3面5線

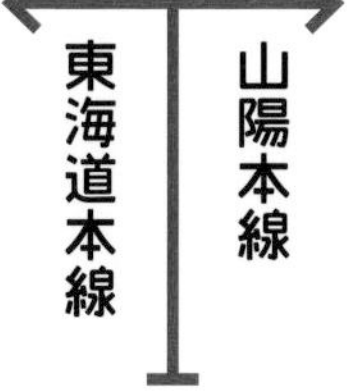

❶神戸駅の東側の出入口。神戸駅には地下鉄海岸線も乗り入れているが、駅名は神戸駅ではなくハーバーランド駅
❷神戸駅前から望むハーバーランド。高層ビルが建ち並んでいる。神戸駅から貨物機能を分離した湊川駅を廃止後に再開発して生まれたエリアだ
❸ハーバーランドの間を抜けて海の近くまで出ると、飲食街や観覧車。休日には駐車場待ちのクルマが列をつくる
❹元町の商店街。百貨店もできるなど、大正から昭和にかけては「銀ブラ」「心ブラ」と並ぶモダンな商店街として、「元ブラ」が流行した
❺中央郵便局などがある栄町通の一角。奥に見えるのは旧三菱銀行神戸支店（ファミリアホール）の跡地に建つ高層マンションのザ・パークハウス 神戸タワー。ファミリアホールの意匠をそのまま使っている

日本を代表するふたつの大動脈の境界

新幹線をのぞく在来線という点において、日本でいちばんの大動脈は東海道本線である。このことは誰もが是とするものだろう。そして、それに次ぐ二番手となると、これもまた山陽本線ということに異論はないのではないか。東海道本線と山陽本線。一体となって太平洋ベルトを走り抜けるこのふたつの大動脈の存在感は、新幹線時代になってもいささかも衰えていない。

そのふたつの大動脈の境界が、神戸駅である。言い換えれば、神戸駅は東海道本線の終点で、山陽本線の起点、というわけだ。

しかし、現実的には境界駅といっても国境線があるわけでもなく、わざわざ神戸駅で乗り継ぐ必要もない。新快速をはじめとする列車の数々は、境界駅であるはずの神戸駅を、何のことなくやり過ごしてゆく。そもそも、神戸駅を含む大阪~姫路間は、「JR神戸線」という愛称が定着している。神戸市内におけるいちばんのターミナルはいうまでもなく三ノ宮駅だ。つまり、神戸駅は大動脈の境界にもかかわらず、まったく存在感が薄いのだ。いったい、これはどういうことなのだろうか。

ここでちょっとだけ、東海道本線・山陽本線以外の大動脈の境界がどこにあるのかをみてみたい。

鉄道のない時代は東海道と西国街道があり、いまは東海道新幹線と山陽新幹線が東西大動脈の横綱格といっていい。ここで興味深いのは、境界がどれも異なっていることだ。東海道と西国街道は京の都で、新幹線は新大阪駅が境目になっている。

もちろんこれは、偶然ではない。近世までは天皇の住まう京都の重要性が大きく、そもそも中世以前の街道は京都を中心に整備されていた。また新幹線時代には、政治・経済・文化などさまざまな面において日本第二の都市である大阪の存在感が増していた。大動脈の境界の位置は、必然的に定まったのだ。そして、東海道本線と山陽本線の境界が神戸駅であるということにもまた、理由があった。

最初に神戸駅が開業したのは、１８７４（明治７）年5月11日。日本で二番目の鉄道路線として大阪～神戸間が開業する。神戸駅はそのときの終着駅として誕生した。

大阪～神戸間が近畿地方における最初の鉄道建設区間に選ばれたのには、明確な理由がある。日本で最初に開通した新橋～横浜間は、横浜という開港都市との接続が大きな目的だった。それと同じで、神戸は幕末に横浜などとともに開港五都市のひとつになった港町。横浜が関東地方での国際貿易の拠点になることを求められたのと同様に、神戸も阪神地域における貿易拠点として期待されていたのだ。だから、関西最初の鉄道は、何はなくとも国際港・神戸に通じている必要があった。ここに、まず神戸駅が境界駅になった必然の理由のひとつがある。

その後、線路は東に伸びてゆき、１８８９（明治22）年7月1日に新橋～神戸間が開通する。のちに山陽本線になる山陽鉄道が神戸駅に乗り入れたのはこの直後、同年9月1日のことだ。山陽鉄道は１８８８（明治21）年に兵庫～明石間で開業しており、それを東に延伸させる形で神戸駅に乗り入れた。

境界駅になったのはこのときからだ。すでに関東では品川駅に日本鉄道が乗り入れていたが、こちらは境界駅と言うよりは分岐駅。だから、神戸駅は日本で最初の境界駅といっていい。山陽鉄道の神戸駅乗り入れと同時に、官設鉄道と山陽鉄道の間で通しきっぷの販売などもはじまっている。

ただし、このときはまだ直通運転は行われておらず、お客は神戸駅での乗り換えを要した。直通運転がはじまるのは、１８９５（明治28）年になってからである。

ここでポイントになるのは、山陽鉄道の神戸駅乗り入れがなぜ遅れたのか、ということである。別に国が私鉄に嫌がらせをしたとかそういうことではなく、単純に工事が難航したからだ。とりわけ、神戸駅と兵庫駅の間にあった、湊川を跨ぐ工事に手間取った。湊川は六甲山地に源流を持ち、楠木正成率いる南朝軍が足利尊氏率いる北朝軍と戦って敗死した古戦場としても知られる。天井川でたびたび洪水を起こし、人々を悩ませていたのも湊川の特徴だ。

そして、湊川は神戸と兵庫というふたつの町を隔てる境界線という役割も持っていた。湊川よりも東側が神戸、西側が兵庫、というわけだ。

いまの神戸市中心部において、近世まで栄えていたのは神戸ではなく兵庫であった。古代には大輪田泊と呼ばれ、平清盛が大規模な修築を行って日宋貿易の拠点になっていたこともある。江戸時代には西廻り航路の発達によって繁栄を極め、幕末には人口2万人ほどを抱える港湾都市だった。

いっぽうの神戸は寒村に過ぎなかった。西国街道の宿場町も西宮の次が兵庫で、神戸村は素通りするばかりだった。それが、幕末の開国にあたって、開港地に定められた。はじめは兵庫を開港する予定だったが、既存の港町を開港することによる弊害を懸念して、兵庫に近接している寒村の神戸に白羽の矢が立ったようだ。

こうして湊川（や宇治川）を隔てて神戸と兵庫という性質を異にするふたつの港町が並び立つことになった。神戸駅は、このふたつの町の中間に設けられたターミナルだったのだ。湊川のすぐ北にあり、古い港の兵庫にも、国際港である神戸にも近い。神戸駅は単に国際港への連絡だけでなく、神戸と兵庫を結節する役割を担っていたのである。

神戸駅が開業すると、その周辺は一気に都市化してゆく。開業以前は新田が広がり、一角には遊郭街（駅建設に際して移転、いまの福原風俗街）があったくらい。そこに駅ができると、郵便局や市役所、県庁などが集まった。

さらに、１９０１（明治34）年に湊川付け替え工事が終わると、旧河川敷には「新開地」と呼ばれる新しい町が生まれる。明治の終わりから大正時代にかけて、新開地には劇場や活動写真館（映画館）が次々に生まれ、１９１３（大正2）年には新開地のシンボル・聚楽館がオープン。神戸随一の繁華街に育ってゆく。

このように、少なくとも大正期の神戸駅は、その東側にシビックセンター、西側に繁華街を持ち、名実ともに神戸の中心ターミナルになっていた。神戸駅はただの境界駅にあらず。都市名と同じ名を持つ駅らしく、立派な大ターミナルだったのである。

❶神戸駅南側の高架沿い。新開地や福原にも近く、小規模な飲食店などが軒を連ねている
❷神戸駅すぐ近く、多聞通沿いには湊川神社。祀られている楠木正成は後醍醐天皇に従って戦った南朝の武将で、その勤皇ぶりが明治時代に讃えられた
❸多聞通の地下には神戸高速鉄道線が通る。高速神戸駅は神戸駅のすぐ近く。神戸高速鉄道の神戸駅乗り入れ計画もあったが、高架への乗り入れの難しさもあって断念されている
❹神戸駅構内。1934年に完成した当時の意匠を残しており、モダンな雰囲気が国際色豊かな港町・神戸を象徴している
❺戦前には神戸でいちばんの繁華街だった新開地。「東の浅草・西の新開地」と呼ばれるほど活況を呈し、多くの活動写真館や劇場が建ち並んでいた。いまも劇場や寄席があり、文化発信地としては健在だ

兵庫と神戸、そして三宮――

しかし、徐々に状況は変わってゆく。大きなきっかけは、阪神・阪急の開業である。１９０５（明治38）年には阪神、１９３６（昭和11）年には阪急（当時は阪神急行電鉄）が神戸市内に乗り入れる。ただし、いずれもターミナルは神戸駅ではなく三宮に置いた。阪神開業以前の神戸駅は、1年で40万円近い収入を得ていた。それが阪神開業後は、約18万円前後にまで減少したという。それほどに、〝電鉄開業〟の効果は大きかった。そして、ふたつの電鉄がターミナルを置くことで、三宮が新たな交通の要衝となり、賑わいの中心は神戸駅周辺から少しずつ移ってゆくのだ。

戦後になるとその流れは一層加速する。空襲や娯楽の多様化によって新開地は衰退。市役所も神戸駅近くから三宮に移転した。きまって神戸駅に停車していた特急列車も通過するようになる。１９５３（昭和28）年にデビューした京都～博多間の特急「かもめ」は、上りを神戸駅、下りを三ノ宮駅に停車させることでバランスを取っていたが、逆に言えばこの時点ですでに神戸から三宮へ、の流れは止めがたいものになっていたということだ。

こうして、いくつもの鉄道が神戸の市街地に乗り入れるようになり、神戸と兵庫というふたつの港町が一体化する中で、神戸駅の町の結節点としての役割はすっかり失われていったのである。神戸駅を境界としない、「JR神戸線」の名が何の抵抗もなく受け入れられたのはその現れだろうか。２０２３（令和５）年現在、神戸駅を停車する特急列車は「はまかぜ」と通勤特急の「らくラクはりま」だけである。

かくして、地味な存在になってしまった令和の神戸駅。いったいどんな町なのだろうか。

高架の線路脇には、いまも山陽本線のゼロキロポストと東海道・山陽本線の境界であることを示す碑が建つ。その向こうには、かつての湊川貨物駅の跡地である神戸ハーバーランドの高層ビル。海沿いには観覧車や飲食店街もあり、神戸駅周辺ではいちばんの集客施設になっている。

線路沿いに北（つまり三宮方面）に歩くと、元町の商店街。三宮駅近くまで続く、神戸市最大の繁華街だ。神戸の市街地を東西に走る栄町通沿いには、いまも中央郵便局が建つ。市役所や県庁もかつてはここにあったが移転してしまい、郵便局だけが残っているというわけだ。風格のある建物が多く並んでいるのは、神戸駅前から通じる栄町通が港湾都市・神戸における政治・経済の中心地だったからである。

神戸駅の西側は、多聞通を挟んだ向かいの湊川神社がシンボルだ。１８７２（明治５）年、つまり神戸駅が開業するわずか2年前に、楠木正成を祭神として創建された。湊川神社の周囲は雑居ビルやホテルが建ち並ぶ駅前広場。そして少し西に歩けば新開地。往年の賑わいこそ失われたが、いまも古き良き神戸文化の発信地として頑張っている。

神戸駅の開業にあたっては、素封家・北風家が約４万坪の私有地を無償提供するなど、多大な貢献があったという。この北風家、江戸時代に兵庫の廻船業で財を成した豪商で、幕末には伊藤博文や西郷隆盛ら尊皇の志士たちを資金面から援助している。明治政府ができてからも、湊川神社の創建に力を尽くした。

しかし、自らも協力した神戸駅の開業によって、廻船業は衰退する。結果、神戸駅開業からわずか20年足らず、１８９３（明治26）年に北風家は破産、没落してしまう。神戸駅は、そうした時代の境目を象徴する駅でもあった。

現在の神戸駅は、１９３４（昭和９）年に完成した三代目の駅舎だ。初代の駅舎は山陽鉄道乗り入れによって建て替えられ、さらに高架化によってリニューアルしたのが現駅舎。空襲も阪神・淡路大震災も乗り越えてきた。かつては貴賓室を備え、駅舎内には二代目駅舎時代からの食堂「みかど」もあった。戦前は高級洋食店で、戦後は大衆食堂に衣替え。海沿いにある川崎重工で働く人たちが詰めかけて大盛況だったという。

そんな「みかど」も２００３（平成15）年に閉店していまはない。神戸高速鉄道が神戸駅に乗り入れる計画もあったが、それも実現しなかった。お客の数は、三ノ宮駅の6割程度に過ぎない。神戸の町の〝顔役〟は、すっかり三ノ宮駅になっているといっていい。しかし、築90年の風格漂う駅舎が、神戸駅の誇りをいまに伝える。そして、こうして境界駅として誰も意識しないことに、この町の鉄道の高い利便性を感じるのである。

新宮

紀伊半島の端っこ、世界遺産の境界駅

Shingu

JR西日本 ⟷ JR東海

DATA

境界駅のカテゴリ 会社境界
所在地 和歌山県新宮市
所属路線 紀勢本線
開業年月日 1913（大正2）年3月1日
ホーム 2面3線

❶新宮駅前の『鳩ぽっぽ』記念碑。作詞者の東くめが新宮出身であることにちなんでいる
❷徐福公園は煌びやかな門とともに。中には徐福の像や徐福の墓などがあり、徐福伝説をいまに伝えている
❸熊野川河口方面を見る。建設中の橋梁の奥には、対岸は三重県紀宝町にある製紙工場。林業とともに製紙業も栄えた
❹新宮駅東側の町並み。門前町としての新宮は、どちらかというと駅の西側がメインだが、駅舎は東口を向いている
❺熊野川を渡る特急「南紀」。1940(昭和15)年まで、紀勢本線は熊野川西岸の新宮駅で途切れていた

熊野川を渡って徐福伝説、そして新宮城

名古屋駅から、２０２３（令和５）年７月にデビューしたばかりの新型車両、ＨＣ85系に乗る。特急「南紀」。紀伊半島の東側を海に沿って走る、紀勢本線の特急だ。

名古屋駅を出ると、序盤は市街地の中をゆく。弥富を過ぎると木曽川・長良川・揖斐川の木曽三川をそのまま続けて渡って三重県に入る。桑名、四日市あたりまではまだまだ名古屋都市圏に属するといっていいくらいの市街地だ。途中で第三セクターの伊勢鉄道を挟んで県都の津。ほぼ一貫して近鉄名古屋線と並行しており、ライバル関係にある。ただ、ＩＣ乗車券も使える近鉄と比べるといささかこちらは分が悪い。

ブランド牛でおなじみの松阪駅を過ぎて多気駅で参宮線を分けると、いよいよ紀勢本線の車窓はのどかな風景に移ってゆく。志摩半島の付け根を南西に向かって貫けば、左手に見えてくるのは熊野灘。尾鷲・熊野と通ったら、ようやく三重県の旅も終わりに近い。熊野川を渡って和歌山県に入るとそのまま短いトンネルに突入し、抜けたところで到着するのが、ＪＲ東海とＪＲ西日本の〝境界駅〟、新宮駅である。

紀伊半島の南の端っこにある新宮駅に降り立つと、湿度からしてちょっと他の町より高い気がしてくる。二階建ての横長駅舎はいかにも国鉄時代の地方駅舎といった趣で、駅前広場にはヤシの木（かそれにそっくりな何か）が植えられている。紀伊半島の南は、やはり南国ムードが大事になるのだろうか。

駅舎を出たところには御燈祭の像が建ち、その傍らには新宮駅開業１００周年の記念碑。そして、ヤシの木の裏には童謡『鳩ぽっぽ』の碑まである。『鳩ぽっぽ』の記念碑は、作詞した東くめが新宮出身ということにちなんだものだ。東くめ先生、日本で初めて口語による童謡を作詞したのだとか。『鳩ぽっぽ』以外では、『お正月』『雪やこんこん』などが代表作。いずれも滝廉太郎の作曲だ。

駅前の南国ムードとは裏腹に、のどかな童謡が頭の中を流れつつ、新宮の町中に出た。

駅からほんの少し離れたところには、徐福公園というやたらと派手な門を持った公園がある。徐福とは、中国・秦の時代の方士で、不老不死の妙薬を求めて東の海に航海に出た、などと伝えられている人物だ。そして、徐福は日本に上陸したのだとか。その上陸地点とされている地のひとつが、新宮というわけだ。まあ、紀伊半島を旅しているとあちこちで徐福にまつわる伝説を見かけることになるし、実際に徐福が不老不死の妙薬を探しに旅に出たかどうかは極めて怪しいところ。なので、ひっくるめて「徐福伝説」などと呼ばれている。

新宮の徐福公園の中には、徐福の墓まで置かれている。一見すると由緒の面ではしっかりしているような気もするが、よくよく考えてみれば青森にあるキリストの墓とたいして変わらない。とどのつまり、こうした伝説においては真偽のほどはまったくどうでもいい問題であり、信じるか信じないかそれ次第、ということなのだ。

徐福公園を抜けて裏道に入る。小さな家や商店が町中に点々とする市街地を抜けてゆくと、熊野川沿いに聳える大きな山が見えてくる。特急「南紀」が新宮駅に到着する直前に入ったトンネルは、この山の中を抜ける。ただの山ではなく、新宮城、またの名を丹鶴城と呼ばれる近世城郭の跡である。

新宮はかつて城下町であった。江戸時代の新宮は徳川御三家のひとつ、紀州藩の領内の町。江戸時代は一国一城の制度の下で、ひとつの藩が複数の城を持つことは禁じられていた。しかし、新宮ではしばしばトラブルが起こるから、という理由で特別に城を置くことが許されたという。新宮城に入っていたのは、紀州徳川家の家老・水野氏だった。

公園として整備されている新宮城跡の山に登ってみた。真下には熊野川を渡る紀勢本線のトラス橋。熊野川を挟んだ向こうに三重県の紀宝町が広がる。河口付近に目をやれば、もくもくと煙を上げる煙突が見える。北越コーポレーションの製紙工場だ。その手前では何やら橋を造る工事の真っ最中。熊野川を渡る橋は紀勢本線より少し上流側の熊野大橋くらいしかなく、もうひとつ河口側にも橋を造ることにしたのだろう。熊野川の川面は、南国らしく青く澄んでいる。

熊野三山の参詣と、林業の町

新宮城を過ぎて西に向かうと、遠く正面に見えてくるのが新宮の町のシンボル・熊野速玉大社だ。熊野本宮大社・熊野那智大社とともに熊野三山を構成する古社のひとつで、２００４（平成16）年に登録された世界遺産『紀伊山地の霊場と参詣道』にも含まれている。創建は神代の昔で、かつて後白河法皇や後鳥羽上皇もたびたび足を運んだという。ちなみに、「新宮」の町の名の由来は、熊野本宮大社に対してこちらが〝新宮〟と呼ばれたからだとか。

城下町だった以前の新宮は、この熊野速玉大社の門前町だった。城下町としての性質はいまでは失われてしまったが、門前町としての新宮はいまだに健在だ。むしろ、世界遺産登録によって熊野古道を歩く観光客も増え、いまや新宮の町は賑やかさを取り戻しているといっていい。

熊野速玉大社の大鳥居の前に通じている参道は、「新宮停車場線」と名の付いた大通り。熊野川を熊野大橋で渡る国道42号と交差している。ちょうどそのあたりから、一本南側に入るとアーケードの商店街が延びている。江戸時代は武家屋敷、明治になってその跡地に商店が建ち並んで自然発生的に生まれたという、仲之町の商店街だ。

さすがに地方都市らしく、シャッターを下ろした店も目立つひとけのないアーケード。行き着いた先には新宮城の堀を埋め立ててできた丹鶴の商店街、さらに踏切を渡って駅前まで通じる駅前本通りの商店街。どれもこれも、お世辞にも賑わっているとは言い難い。

１９９９（平成11）年に新宮郊外の南の外れにジャスコ（現在はイオン新宮店）ができた。さらに2年後には商店街の近くにあった市民病院が郊外に移転し、スーパーマーケットのオークワが進出。これが打撃となって、古き良き商店街は衰退の道を歩んだという。新宮だけの特別な話でもなく、日本中の地方都市に転がっているエピソードだ。

が、新宮駅と熊野速玉大社の間には、ひと昔前まで実に賑やかな商店街が三つもあったということはまちがいない。

❶熊野三山のひとつ、熊野速玉大社。世界遺産を構成する古社であり、平日でも参詣客は多い
❷熊野速玉大社の脇には、木材の集積地としてかつて賑わった川原町。いまは往年の賑わいは失われているが、小さな飲食街がある
❸沼地に泥炭でできた島が浮かんでいる、浮島の森。寒冷地の植物と暖地の植物が混在しており、植物学的には極めて貴重な天然記念物なのだとか
❹新宮駅の西側から速玉大社方面に向かって伸びているアーケード商店街。江戸時代までは新宮城下の武家屋敷町だった
❺駅と速玉大社の間には複数の商店街が連なっている。門前町として、そして林業の町として栄えた歴史を物語る

それだけ、熊野三山の門前町・新宮は繁栄していたのだ。

新宮の町の経済は、中世以来長らく林業が中心だった。熊野の山中で切り出された木材は、いかだを組んで熊野川を下り、新宮の町まで運ばれた。熊野速玉大社と熊野川の間にあった、川原町と呼ばれる一帯が、新宮における木材の拠点になった。船宿や材木商が建ち並び、朝も夜もなく賑わっていたという。

明治に入ってもしばらくはそうした時代が続き、１９０６（明治39）年には熊野速玉大社の裏手の熊野川沿いに三本杉遊郭が設置されている。材木業の賑わいを背景にしつつ、当時の地域経済の支えとして期待を集めていた軍隊誘致が目的だった。木材好況に助けられ、全盛期には芸妓と娼妓合わせて３００名を超えるほどだったという。

三本杉遊郭は１９１２（明治45）年の大火で焼けてしまい、１９１３（大正２）年にはいまの新宮駅の裏手にある、浮島で再開している。

いま、浮島一帯を歩いても、ほとんどその時代の面影は見られない。浮島の森という、沼地に浮かぶ泥炭でできた小島がひときわ目立つくらいだ。浮島の森は、牧野富太郎も訪れたほどの植物群落として国の天然記念物にも指定されている。それを除くと、どちらかというと寂れた町外れ、といった印象に過ぎない。戦後の風営法によって、林業の賑わいとともに新宮の遊郭も姿を消してしまったのである。

そして新宮駅も、こうした新宮の木材の町としての賑わいを背景に誕生した駅であった。

はじめ、いかだで運ばれてきた木材は新宮の港から帆船に積み替えて輸送されていた。大正時代になると海外での需要が急増。帆船ではとうてい間に合わず、大型の汽船での輸送が必要になる。しかし、新宮の港には大型汽船の入港ができず、勝浦港を利用する必要があった。そこで浮上したのが、鉄道建設だ。こうして１９１３（大正２）年までに新宮鉄道の新宮〜勝浦（現・紀伊勝浦）間が開業する。新宮駅の開業もこのときのことだ。

大正時代には第一次世界大戦が勃発し、その影響で木材の輸出が大いに増えた。ちょうどその直前に勝浦港直結の新宮鉄道を開業させていたのはまさに僥倖。１９１９（大正８）年度には年間７万４１３７円もの営業利益を上げている。いまの紀勢本線からは想像もできないが、開業から１９３４（昭和９）年の国有化まで、一度も政府の補助を受けていない。同時期に勃興していた小私鉄のほとんどが赤字経営で補助を受けていたわけで、快挙といっていい。それくらい、当時の新宮と林業は活況を呈していたのである。

新宮鉄道は、紀伊半島南部における鉄道のはじまりだった。国有化後、あちこちから少しずつ線路を延ばしていって、新宮駅から熊野川を渡って三重県側と繋がったのは１９４０（昭和15）年のこと。そのとき、新宮城の真下を貫くトンネルが開通している。周辺には製材工場や材木商などがひしめいていたので、それを避けるには城跡を貫くしかなかったのだ。

紀勢本線の全通は戦後になってからで、１９５９（昭和34）年。同時に名古屋〜和歌山〜天王寺間を運転する夜行普通列車「はやたま」が登場。１９７８（昭和53）年には新宮以西の電化も完成した。それ以後も、大阪からの夜行普通列車の運転は続けられる。朝に新宮をはじめとする紀伊半島の町に着くことから釣り人たちに愛用され、「太公望列車」の異名も取った。太公望列車は２０００（平成12）年までに廃止されてしまったが、日本でも最後まで残っていた夜行普通列車のひとつである。

ただし、ＪＲ東海側、すなわち亀山〜新宮間の紀勢本線は、まったく電化もされないまま取り残されてしまった。紀伊半島南部は、名古屋方面からではなくむしろ大阪側からの需要が大きかったのだろう。その格差が、ちょうど県境の町である新宮駅を、会社間境界だけでなく、電化・非電化の〝境界〟にしてしまったのである。

新宮の駅前からは、八木新宮特急バスという〝日本最長〟の路線バスが発着している。神代の昔、神武天皇が熊野灘から上陸し、熊野古道を経て大和に至り即位したという〝神武東征〟の足跡をまさに辿る路線バス。名古屋駅から新宮駅までは、実に３時間半もの旅。さらにバスに乗り継いで神武天皇の足跡を追い、奈良盆地の近鉄八木駅前までは実に6時間半もかかる。そこからまた、関西本線か近鉄にでも乗って名古屋に戻る、非電化、路線バスの旅。お尻が壊れてしまいそうだが、一度は試してみたい旅である。

児島

Kojima

本四連絡、本州と四国の境界駅はここに

JR四国 / JR西日本

DATA

境界駅のカテゴリ 会社間境界
所在地 岡山県倉敷市
所属路線 瀬戸大橋線
開業年月日 1988(昭和63)年3月20日
ホーム 2面4線

❶下津井電鉄廃線跡の鷲羽山駅付近から見る瀬戸大橋。世界最長の吊り橋としてギネスにも認定されている
❷児島駅前には「ジーンズの聖地」の旗もはためく。駅前広場は大きいが、それほど人通りは多くない
❸駅前の「児島民話通り」から児島駅方面を見る。記紀によれば、児島半島は本土四島に次いで生まれた島だという
❹こちらがジーンズストリート。寺社の合間にジーンズが旗のようにはためき、いくつものショップが並ぶ
❺ジーンズストリートの入り口には、大きなジーンズをあしらった看板が
❻児島の中心市街地の路地には、こうしたレトロな一角も。ジーンズだけでなく、町を歩くだけでも歴史を感じさせる町並みだ

ジーンズストリートの玄関口と瀬戸大橋

晴れの国、岡山――。岡山県は降水量が1㎜以下の日が日本で一番多いのだとか。つまりは晴天の日が多いというわけで、「晴れの国」と謳っている。瀬戸内海に面し、冬は暖かく夏は涼しい。それでいて晴れにも恵まれるのだから、岡山は過ごしやすさという点においては日本トップクラスであることは間違いないだろう。

そして、岡山は中国地方随一の交通の要衝でもある。岡山市と広島市を比べたとき、規模としては圧倒的に広島に軍配が上がる。しかし、岡山も交通面ではまったく負けてはいない。何しろ、本州と四国を結ぶ大動脈は、岡山から出ているのだ。

ここでは鉄道に乗って、岡山駅から四国に向かう旅をしてみよう。

岡山駅から乗るべきは瀬戸大橋線の電車だ。特急「しおかぜ」「南風」といった松山や高知に向かう特急列車も出ているが、本四連絡の中核はやはり快速「マリンライナー」。岡山平野を南下して、いったん西に大きく迂回する。途中、茶屋町駅ではかつて宇高連絡船のターミナルだった宇野駅に向かう線路を分ける。室町時代頃まではこのあたりは「吉備の穴海」と呼ばれる遠浅の海だった。近代になっても干拓が行われており、線路が西に迂回しているのは干拓地を避けるためのものだ。

茶屋町駅から瀬戸大橋線は児島半島を南下する。吉備の穴海に対して吉備の児島と呼ばれた島だったところで、ほぼ全域が丘陵地。そこを何本もトンネルを使いながら走り、左手に児島港、瀬戸内海が見えてきたところで到着するのが、本州と四国の〝境界駅〟である児島駅だ。岡山駅から快速「マリンライナー」で約20分。この駅を境にJR西日本からJR四国へと管轄が移り、鷲羽山《わしゅうざん》をトンネルで抜けると、高速道路の瀬戸中央自動車道と合流し、いよいよ瀬戸大橋に出る。

瀬戸大橋はひとつの橋のようにまとめられているが、実際は5つの島を渡り歩く6つの橋梁から構成されている。渡り歩く島は、岡山側から順番に櫃石島・岩黒島・羽佐島・与島・三つ子島。このほか大小の島々を合わせて塩飽《しわく》諸島という。すべて四国側、香川県に属しており、その意味でも瀬戸大橋はもう四国だ。児島駅は名実ともに本州と四国の境界を成している。

ちなみに、歴史的にも瀬戸大橋は〝四国の橋〟といっていい。というのも、瀬戸大橋の構想をはじめて公に語った人物が、四国は高知の実業家・大久保諶之丞《じんのじょう》だからだ。

大久保が瀬戸大橋の構想を披瀝したのは1889（明治22）年5月。丸亀～多度津～琴平間（つまりいまの予讃線・土讃線の一部）を結んで開業した讃岐鉄道の開通式で、塩飽諸島を橋台として本州と四国を架橋連絡すれば、風雨の影響を受けることもなくなる、と述べている。これがまさに瀬戸大橋のルーツだ。直前の1883年にニューヨークとブルックリンを結ぶ世界初の本格的な吊り橋が開通しており、旅芸人一座がこの橋を訪れていた。その話を大久保が耳にして、瀬戸大橋の提唱に繋がったという。

瀬戸大橋の実現には100年ほどの時を要することになるが、大久保が率いた讃岐鉄道を継承する予讃線と瀬戸大橋が結ばれたのも何かの縁。大久保は讃岐鉄道だけでなく、四国四県を結ぶ四国新道を提唱、私財を投じて整備を進めた篤志家としての一面も持つ。四国の交通整備に情熱を燃やした人物だけに、瀬戸大橋の構想を抱くのもごく自然なことだったに違いない。

さて、このあたりで〝境界駅〟児島に戻ろう。今回の主役は、四国に渡る直前の児島駅だ。

瀬戸大橋線、つまり1988（昭和63）年に開業した新しい路線の駅だけあって、児島駅の歴史も新しい。立派な高架の駅舎で、高架下の西側に広くキレイに整備された駅前広場を持つ。ライバルのはずのエディオンとヤマダ電機が駅前でいきなり向き合っているあたりはいささか異様な光景だが、他にはこれといって何もない。駅前広場から「児島民話通り」と名付けられたプロムナードを通じて児島公園という大きな公園に通じているくらいだ。

近くにはしまむらやホームセンターがあるなど、市街地の様相ではあるものの、駅と同じく比較的歴史は浅い。さらに進むと、鷲羽山通りと武左衛門通りが交わる児島駅口交差点の角には古めかしい建物の中国銀行児島支店。向かいには天満屋のショッピングモール・天満屋ハピータウンがある。このあたりからが、児島の中心市街地だ。

児島といえば、いまやジーンズの町として名高い。バスターミナルになっている中国銀行の脇の広場からさらに西に進んで路地に入ると、いくつものジーンズショップが並んでいる。人呼んで「児島ジーンズストリート」。

個人的にはまったくジーンズを履かないので何の知識も持ち合わせておらず恐縮だが、ジーンズマニアなら垂涎ものブランドが並んでいるのだとか。確かに、地方都市のさらに郊外の小さな町には不釣り合いと言いたくなるような、オシャレなショップばかりだ。大きなジーンズのオブジェもあったりして、児島駅高架下のコンビニでは児島名物のジーンズ生地を使った小物まで売っている。

歴史的にも、国産ジーンズ発祥の地は児島なのだという。児島の干拓地ではじまった綿花栽培をきっかけに、江戸時代から繊維産業が盛んになったのがその原点。近代以降、児島半島にも紡績工場が設置され、昭和になる頃には学生服の生産に乗り出した。現在でも学生服のシェアは岡山県が6割を占めているというから、なかなかのものだ。そうして培った技術を活かしてジーンズ製造にも乗り出した、というわけだ。

消えたローカル私鉄と本四連絡の紆余曲折

そんなジーンズの町の玄関口・児島駅は、鉄道の駅としては新参者である。1988（昭和63）年に瀬戸大橋が開通し、同時に瀬戸大橋線が開業したのにあわせて駅もできた。それ以前の本四連絡は宇野と高松を結ぶ連絡船が主役を担っていた。明治時代半ば、児島に紡績工場が生まれた時期に、この中心市街地にはまだ鉄道は通っていなかったのだ。

❷

❶

❸

❹

❶下津井電鉄の児島駅跡。ジーンズストリートをはじめ、児島の中心市街地はJR児島駅よりこちらのほうが近い
❷児島市街地の下津井電鉄廃線跡。軌間762mmの電化路線であることが、廃線跡からも手に取るようにわかる
❸いまの下津井は純粋な漁師町になっており、江戸時代に西廻り航路の拠点として賑わった面影は薄れている
❹下津井の港町。左手には瀬戸大橋も見える。塩飽諸島との距離感からは、下津井が本四連絡の拠点だったことが納得できる

しかし、まったく鉄道を持っていなかったわけではない。宇野線と瀬戸大橋線が分岐する茶屋町駅から児島を経て、児島半島南西端の港町・下津井までを結ぶ下津井電鉄の路線があった。１９１３（大正２）年に茶屋町～味野町（のちに児島）間が開業し、翌年に下津井まで全通している。つまり、茶屋町～児島間に関しては、ほぼ完全にいまの瀬戸大橋線の前身といっていい。下津井電鉄は瀬戸大橋線より西側を走っていたようだが、役割としては変わらない。

また、最終的に終着駅としていた下津井は、江戸時代以来の港町だった。16世紀後半に宇喜多直家が下津井城を築いたのがはじまりで、江戸時代には岡山藩公認の在町として栄えている。西廻り航路の寄港地としての賑わいに加え、参勤交代や朝鮮使節の船も寄港する重要な港になった。加えて、金刀比羅宮への参詣客が利用する港という役割もあり、つまりは近世までの本四連絡の拠点のひとつだったのだ。

しかし、明治に入って鉄道の時代になると、本四連絡の拠点は宇野線の終点・宇野駅に移る。それにより、下津井は本四連絡の役割をほぼ失い、小さな漁師町として都市化の遅れた地域になった。下津井電鉄は、そうした状況を憂えた下津井の有志たちを中心に設立されたのだ。開業時から軌間は７６２㎜のナローゲージ。戦後の１９４９（昭和24）年には、改軌せずに全線電化を完成させている。

人の流れのメインルートから外れた小さな漁師町の地域輸送が主たる役割のローカル私鉄にしては、かなりの積極経営といっていい。現実はあまり優しいものではなく、道路整備が進むにつれて利用者は減少。１９７２（昭和47）年に児島～茶屋町間が廃止されてしまう。この時点では、児島～下津井間、完全に他路線との接続を持たない孤立路線として細々と運営を続けてゆくことになる。

当時の児島市街地におけるターミナルは、ジーンズストリートのほど近く、中国銀行のはす向かいにほぼそのまま残っている。銀行脇のバスのりばは、下津井電鉄児島駅の駅前広場だったのだろう。児島の中心市街地は、天下の瀬戸大橋線の児島駅ではなく、小さなローカル私鉄の児島駅を中心に形成されたものだったのだ。

下津井電鉄は、鷲羽山と神道山の間を抜け、鷲羽山スカイラインのすぐ近くを西に向かって下津井城跡を回り込む海沿いに出て終点を迎えていた。この末端区間は瀬戸大橋開業後も存続していたが、同じ下津井電鉄の路線バスに客を奪われたこともあって、１９９１（平成３）年に全線が廃止された。いまでは「風の道」として整備されていて、廃線跡を辿ることができる。鷲羽山駅付近は塩飽諸島と瀬戸大橋という瀬戸内らしい風景を望める絶景スポットだ。

つまり、ほんの3年ばかりの短い期間に過ぎないが、瀬戸大橋線の児島駅と下津井電鉄の児島駅が共存していたことになる。むしろ、７６２㎜のナローゲージ電車というのは何よりの観光資源ではないかとも思う。当時はちょうど煌びやかで豪華な施設を建てることが何より優先されていた、バブル景気真っ只中のご時世。だから、古くさいローカル私鉄に特別な価値を見いだそうという人はほとんどいなかったのだろう。

だが、もしも下津井電鉄の路線が残っていたら、児島は瀬戸大橋に渡る直前に通り過ぎるだけの〝途中駅〟にはならなかったかもしれない。いや、きっとこの地域きっての観光資源として、多くの人を集めていたに違いない。児島には鷲羽山ハイランドという、なぜかブラジルムードたっぷりの遊園地があるのだから、それとローカル私鉄のセットなど、なかなか味わい深い観光コース。レトロな漁師町の下津井も、ウマい瀬戸内の魚を食べさせてくれる。そんな未来が失われたのは、単なる経営難どうのこうの以上に、バブルの時代がゆえだったのだろう。

かつて、まだ鉄道のなかった時代に本四連絡の拠点として賑わった下津井の港。それが鉄道の時代になって、連絡船と接続する宇野へと移っていった。それがまた、瀬戸大橋の開通によって下津井の後背地である児島に戻る。

瀬戸大橋の構想をはじめて語ったのが、讃岐出身で予讃線・土讃線のルーツを切り開いた大久保諶之丞だったことも、まったくの偶然とはいえないだろう。下津井が賑わった大きな理由のひとつは、金刀比羅宮への参詣客。瀬戸大橋もまた、金刀比羅宮への参詣客輸送を担っている。塩飽諸島を橋台としている瀬戸大橋の出発点は、近世までの本四連絡を担った下津井と、近代の本四連絡を支えた宇野の、そのちょうど中間に位置している児島以外には考えられない。児島は、ただの本州と四国、ＪＲ西日本とＪＲ四国の境界駅というだけではない。これまでの本四連絡の移り変わりの歴史そのものを内包しているターミナルなのである。

上下

Joge

山越えの実感はないけれど……

日本海側
太平洋側

DATA

境界駅のカテゴリ 分水嶺
所在地 広島県府中市
所属路線 福塩線
開業年月日 1935（昭和10）年11月15日
ホーム 1面2線

❶上下の町の中を流れる上下川。分水嶺より北側を流れており、馬洗川を経て江の川に合流、日本海に注ぐ
❷銀山街道の街並みは白壁の建物が印象的。右手の塔は上下のキリスト教会
❸旧重森本店は上下の町の商家だった。かつての繁栄の痕跡は、白壁の町並みの中にいまも息づく
❹上下の町の端っこにあるのは翁座。幼少期を上下で過ごした平幹二朗も舞台にあがったことがあるという
❺奥に見えるのは翁座。その手前には、古い旅館なども見える

中国山地、標高３８０ｍの大分水嶺

「上下」とは実によくできた地名である。この名前だけで、どんなところにあるのかが明瞭にわかる。文字通り、上って下りる、そういう場所に上下駅はある。

上って下りるといってもそれはいったいなんだという向きもあろう。もう少しわかりやすく言えば、峠である。峠は、山偏に上って下りると書く。つまり、分水嶺ということだ。

さらに説明すると、分水嶺とは、極めておおざっぱに言えば、山の峰のことだ。山の峰を境にして、降った雨水は別の方向に流れてゆく。その先ではそれぞれ川となって海に注ぐ。水が分かれる境界を成す峰だから、分水嶺。分水界、ということもあるが、いずれにしても意味はほぼ同じである。

分水嶺自体は、日本中のあちこちに存在している。たとえば荒川と利根川も分水嶺を境に別の集水域（流域）を持っている。その境にはきまって分水嶺がある。そうした無数の分水嶺の中で、日本列島のど真ん中を貫いて、太平洋側と日本海側を分けているのが「中央分水嶺」だ。

中央分水嶺は、たいてい高い山の峰、峠を通る。高い山の峰を境に太平洋側と日本海側が分かれ、気候風土も植生も、そしてそれに引っ張られて文化までが異なる。日本でいちばんの〝境界〟といっていい。

ただ、すべてがわかりやすく峠というわけではないのがややこしいところだ。中には、いくらか低いところを通っている分水嶺もある。たとえば、新千歳空港の真ん中を、中央分水嶺が横切っている。どこで雨水が分かれているのかなど誰も分からないほど平坦なところだが、そういうところにも分水嶺が通っているのだ。

上下の町も、そうした分水嶺の町のひとつだ。標高はだいたい３８０ｍ。同じ中国山地の中でも、道後山付近では１０００ｍを超えるところを通っている分水嶺が、どんどん下って３８０ｍまでやってくる。だから、昔の人は「峠というほどではない、という意味を込めてこの町を「上下」と名付けたのではないだろうか。

そんなわけで、上下の町を歩く。

そもそも、上下ってどこなんですか？　という問いもありそうなので、簡単に説明しておこう。上下駅は、中国山地のちょうど真ん中辺り、広島県府中市にあるＪＲ福塩線の駅だ。福塩線は、その名の通り福山と塩町を結ぶローカル線。福山～府中間は電化されていて、運転本数を見ても都市部の通勤通学路線としての性質が強い。

ところが、上下駅を含む府中～塩町間はうってかわって非電化区間。日中には数時間も列車が走らないくらいの、超ド級のローカル線である。上下駅は、そんな福塩線ローカル区間の中では、比較的規模の大きな町を従えている駅だ。

峠とはいえなくとも分水嶺の駅らしく、福塩線の中ではいちばん標高が高いという特徴も持っている。中国地方において山陽地域と山陰地域を隔てる中国山地。実は、それほど標高は高くない。最高峰でも１５００ｍほどで、１０００～１３００ｍ級の山々が県境付近にちらほらと。あとは、だいたい５００ｍにも満たないようななだらかな高原地帯が中心になっている。上下駅が標高３８０ｍ程度でも福塩線最高峰の分水嶺の駅になれるというのは、こうした中国山地の特性を反映しているといっていい。

駅員さんはとうの昔にいなくなっているが、交換設備と駅舎はいまも残っている。古い木造駅舎の中にはちょっとした飲食や土産物を扱う店が入っていて、乗車券の販売なども委託されているようだ（そういう意味では純粋な無人駅とはちょっと違う）。

駅を出て、市街地の中に入る。市街地といっても山あいの小さな集落に過ぎない。町の中を上下川という小さな川が流れ、その周りに商店や民家が集まっている。中心にあるのは、かつての石州街道（石見銀山街道）の上下宿の歴史をいまに伝える町並みだ。小さいけれど歴史の古い町家が建ち並ぶ。白壁の蔵が目立つあたり、かつての上下の町の繁栄ぶりがうかがえる。

奥まったところには、「翁座」と呼ばれる木造の芝居小屋もあった。大正末期に建てられたもので、旅回りの一座が興業する場所として使われ、のちには映画館にもなった。戦後には、鶴田浩二や高田浩吉といった名優もここで芝居を披露したという。上下の町の、かつての繁栄をいまに伝える町のシンボルのようなものだ。

ちなみに、中央分水嶺もこの町の中を通っている。駅前から伸びる旧石州街道を進んでどん突きを左に折れて上下側を渡ると翁座。反対に右に折れて少し歩いたところに、「上下の分水嶺」と記された案内表示がある。それほど目立つものではないが、ちゃんと分水嶺の町、境界の町であることは誇りになっているのだろう。

田山花袋の名作とも縁深いかつての天領

そんな上下の町の中心部の一角には、府中市上下歴史文化資料館という立派な建物がある。文字通り、地域の歴史を学ぶことのできる資料館なのだが、館内を見学していると、やたらと田山花袋関連の展示が目に留まる。この資料館は、田山花袋と縁のあった岡田美知代という女流作家が生まれ育った家なのだ。

田山花袋って誰ですか……と問われるかもしれないので、ここでもいちおう説明しておこう。明治時代から昭和のはじめにかけて活躍した小説家で、自然主義派の代表格。と、このあたりは辞書的な説明であって、何が何やらわからない。ここで大事になるのは、田山花袋の『蒲団』という作品である。

妻子のいる中年作家の元に女学生が弟子入りし、親しく接しているうちに作家は女学生に内心恋心を抱くようになる。ところが、女学生は旅先で知り合った大学生と恋仲に。作家先生はショックを受けて、女学生を自宅に住まわせ監視するようになる。大学生は中退してまで女学生を追って上京し、しまいには作家先生、女学生を実家に帰すことに。そして、その女学生が使っていた蒲団に顔を埋めておいおいと泣く……。

これが『蒲団』のおおまかなあらすじだ。ありていに言えば、勘違いから暴走してしまった中年男性の悲しい恋と

2

❶

❸

❶江戸時代は天領だった上下の町。ここには幕府の代官所が置かれていたという
❷幕府の上下代官所跡の奥の高台には合祀神社。分水嶺はこの神社の中を抜けている
❸銀山街道は石見銀山の銀を瀬戸内に運ぶ役割を果たした街道。その銀を活かして金融業が発展したのが上下だ
❹上下駅には交換設備も残されており、日中に列車の行き違いが行われる。写真の列車は下り列車

❹

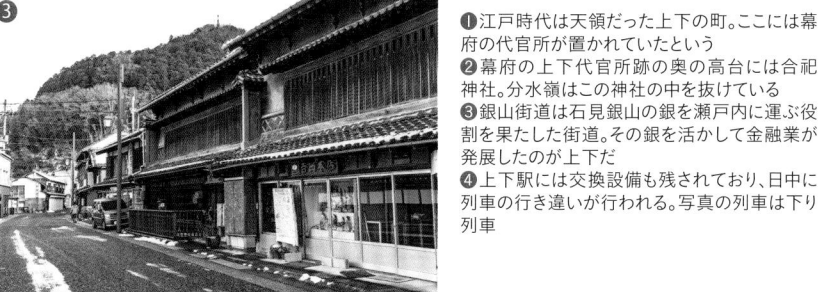

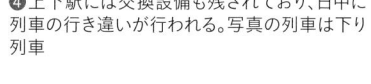

いったところ。もしも似たようなエピソードをＳＮＳなどで見かけたら、夜も眠れなくなりそうなお話だ。が、花袋の筆致もあって作品を読む限りではそれほど恐ろしくはない。

『蒲団』は田山花袋自身にあったできごとをもとにして書かれている。いちばん恐ろしいのは、とうてい誰にも言えないような経験も、作品のためならさらけ出してしまう作家の業、といったところか。そして、田山花袋に弟子入りしたのが上下出身の岡田美知代。花袋は実家に引き取られた岡田美知代に会うべく、上下の町に直接足を運んでいる。

ここで重要なのは、岡田美知代が上下の豪商出身だった、ということだ。貧しい町の生まれだったら、娘を作家修業のために東京に送り出すなどできるはずもない。娘自身とて、そんなことを考えることもなかっただろう。こうしたところからも、上下という町のかつての賑わいを教えてくれるのである。

いま、上下の町を歩くばかりではほとんど想像もつかない古の繁栄。その背景には、江戸時代に上下の町が天領だったことが関係している。

上下の町の中、「分水嶺」の表示があるあたりには、天領上下代官所跡が残されている。江戸時代初めには福山藩の領地だったが、のちに幕府の直轄領、すなわち天領になった。広島や長州などの諸藩を監視する役割もあったようだ。幕末には長州討伐の拠点となったが、敗走する幕府軍の兵士たちは甲冑や刀をそのままこの町に捨て置いた。だから、上下の古い家には甲冑や刀が残されているのだとか。

そして、代官所は銀山の銀を元手として、上下の商人に金融業を営ませる。いわゆる「上下銀」であり、これが上下の町を潤した。福山や広島などの諸藩にも貸し出していたようで、周辺一帯の金融経済の中心地、という役割も担う町だったというわけだ。明治に入ってもしばらくは金融業の町としての繁栄は続く。岡田美知代の実家も、そうした豪商のひとつだったのである。

とはいえ、いつまでも山間の金融業者が栄えるほど世の中は甘くない。鉄道が全国に張り巡らされて、物資から人、金融、情報などあらゆるネットワークが一変したこと、石見銀山の存在感が低下したことなどが理由だろうか。上下に鉄道がやってきたのは１９３５（昭和10）年。地元の人たちが盛んに鉄道建設を求めた結果であったが、他の地域と比べればいささか遅すぎた。このとき、すでに上下の金融業は完全に衰退していた。産業を失ったかつての金融都市は、いち早く過疎化の道を歩んだのである。

いまでは、宿場町の白壁の町並みや天領だったことを活かした観光地という側面を強めている。毎年2月から3月にかけては、「天領上下ひなまつり」が町中で開かれ、ガンダムをかたどった変わり雛なども登場して話題を呼ぶこともある。また、この町出身のお笑い芸人・アンガールズ田中卓志も町おこしに力を貸してくれているのだとか。

ただ、上下の町中にある上下高校は定員割れが続く。ここ数年のダイヤ改正で福塩線の列車が減便されたことで、上下高校への通学が不便になった。それが大きな理由ではないか、と町で出会ったおじさんは話してくれた。もちろん、交通の利便性の悪化は学生が減ってしまうことと無関係ではないだろう。特に帰宅時間の列車が少ないと、満足に部活動を楽しむことすらできなくなる。だから、地元では福塩線の列車を増やしてくれるよう、ＪＲ西日本に求めているのだとか。

とはいえ、列車の本数ひとつで学生が増えたり減ったりするほど、ことは単純ではない。そもそも、山間部の人口が減っている。だから、山間部の高校は生徒の奪い合い。よほど進学や就職に強みを持っているか、部活動で名を知られているかでもなければ、厳しい戦いは避けられない。夕方、上下高校の学生たちがちらほらと上下駅に集まってくる。残念ながら、その数は多くない。沿線の高校に通う子どもたちの数も少なくなれば、それでまた鉄道の存在意義が問われてしまう。悪循環の極みである。

かつて、上下の町が天領となって栄えたのは、この町に分水嶺が通っていたこととまったく無関係ではないだろう。標高は低いながらも、紛れもなく〝峰〟なのだ。いまも、福塩線はここまで上ってきて、まだ緩やかな下り坂に入る。空っぽのディーゼルカーが、中国山地のさらに奥地に向けて――。分水嶺の町は、人口減少の時代において、大きな分岐点を迎えているのである。

下関

本州と九州を分かつのは、連絡船からトンネルへ

Shimonoseki

JR九州 ⇔ JR西日本

DATA

境界駅のカテゴリ 会社間境界
所在地 山口県下関市
所属路線 山陽本線
開業年月日 1901（明治34）年5月27日
ホーム 3面6線

❶門司側から見た関門海峡。右奥に小さく見える高い建物が海峡ゆめタワー
❷国道9号は西国街道を継承しており、周防灘沿いに下関の市街地を東西に貫く
❸海峡ゆめタワー脇の公園には、関門・関釜連絡船下関桟橋跡を記念する碑が置かれている。ちょうどこの公園あたりから鉄道と船を乗り継ぎ、九州や釜山を目指した
❹いまも下関には釜山との航路が開かれている。他にも貨物船の入港は多く、国際港としての機能は衰えていない
❺唐戸の交差点から東側を見る。左側にあるのが旧イギリス領事館。国際都市だった時代の名残だ

本州と九州、山口県と福岡県の境界のターミナル

下関駅が何の境界かというと、言うまでもなくＪＲ西日本とＪＲ九州の境界である。下関駅から関門トンネルを通って門司駅に向かう区間は、それまでと変わらずに山陽本線の一部だが、管轄はもうＪＲ九州だ。つまり、下関駅という〝点〟で捉えたとき、それはただの会社間境界に過ぎない、ということになる。

ただ、それではあまりに安易に過ぎる。問題は、境界駅に任じられた下関という駅と、その町。さらには関門海峡を挟んだ向こうの門司、北九州市を含んだ〝面〟としての境界の役割である。下関は、いったい何と何を分けているのだろうか。

その答えも、出そうとすればすぐに出る。本州と九州、山口県と福岡県。県境が関門海峡の真ん中に引かれている。本州と九州を隔てている境界の町、という点に重きを置けば、下関という町の位置づけの重要性が浮かび上がる。

しかし、これまた話はそれほど単純ではない。

関門間には在来線の関門トンネルのほかに、上層部がクルマが通り、下層部に徒歩道がある関門トンネルがある。ほかにも高速道路の関門自動車道が関門橋で海峡を跨ぎ、山陽新幹線の新関門トンネルも通っている。加えて、唐戸と門司を連絡する定期航路も就航している。つまり、下関と門司は、海を跨いでいるにもかかわらず、そんじょそこらの県境以上に充実した交通網によって結ばれているのだ。

ふつう、都道府県境というのは交通の利便性が悪くなっている。例外としては首都圏や京阪神のような大都市があるが、これは境界を跨いで経済圏が一体化しているからだ。一般的には、県境を越えて往来する人は少なく、文化的にも経済的にも、そして地理的にもそれなりに分断されている。

コロナ禍の折、「県外のお客さまお断り」などと書いた紙を臆面もなく入り口に貼り付けた飲食店を地方都市でよ

くみかけた。これもまた、県の内外、すなわち県境というものが重みを持っているからこそだ。ところが、下関と門司に関しては、間に海峡を挟んで境界を跨いでいるのに、その境界に重みというものがまったく感じられない。

下関駅と門司駅を結ぶ関門トンネル内を走る在来線にも、当たり前のようにたくさんのお客が乗っている。門司駅構内のデッドセクションで車内照明が一瞬だけ消えるのだが、そのときに誰も驚いたそぶりを見せない。日常的に海峡を跨ぐ移動をしているから、慣れっこになっているのだ。それくらい、下関と門司は、関門海峡を含めて一体化している。結び付きが強い、などという言葉では片付けられないほど、実質的には同一の都市圏を構成しているのだ。

そういう点から下関駅を捉えたとき、単なるJR西日本とJR九州の管理上の都合だけの境界に過ぎないというところに帰結してしまうのだろうか。それを探るべく、やはり下関の町を歩かねばなるまい。

下関駅は、関門海峡に面する下関市南端の埋立地の上にある。かつて長門国の国府が置かれ、この一帯ではいち早く都市が形成された長府駅付近までは周防灘沿いを走ってきた山陽本線は、霊鷲山《りょうじゅせん》を避けるように内陸に迂回する。旧西国街道は山中を通り、国道9号は海沿いをゆく。しかし、鉄道はそうしたムリをせず、内陸を抜けて北側から下関の市街地に乗り入れてくるのだ。

そうしてそのまま直線的に関門トンネルに突入できる位置に、下関駅がある。

実は、１９０１（明治34）年に山陽鉄道馬関駅として開業した当時は、いまとは違うところに駅が置かれていた。現在の下関駅北側で東にカーブして、下関港に面した場所に駅があった。それは、開業当初から関門連絡船・関釜連絡船と結ぶ航路連絡を前提としたターミナルだったからだ。開業翌年には所在地の赤間関市が下関市に改称したことにあわせ、駅も下関駅に改めている。

いま、旧下関駅付近には高さ１５３ｍの海峡ゆめタワーをはじめ、ホテルや公園、公共施設などが多く集まっている。ゆめタワーのすぐ脇の公園には、連絡船時代の桟橋跡の記念碑とオブジェが残されている。また、釜山へのフェリーのりばもすぐ近く。関門連絡船は関門トンネルの開通とともに役割を終えたが、関釜連絡船の後継としていまも国際航路が就航している国際港、というわけだ。

下関の中心市街地は、この旧下関駅に近い国道9号沿いに広がっている。国道9号からさらに北側、日和山の麓には、国道と並行して飲食店が集まる「晋作通り」。もちろん幕末の志士・高杉晋作にちなむ通り名で、日和山公園には高杉晋作の像が建つ。晋作通り一帯は下関ではいちばんの歓楽街になっている。国道との間には路地のように細い道がいくつも延びていて、このあたりはかつての〝駅前繁華街〟だったのだろう。いまでも駅前からは歩いて10分も離れていない。駅前のペデストリアンデッキを降りて路地に入ればすぐに晋作通りだ。

晋作通り・国道9号を海沿いに東へと歩いてゆくと、観覧車や水族館がシンボルの公園、そして門司港・巌流島への定期船のりばが見えてくる。その奥には下関の台所・唐戸市場。唐戸の交差点の角には煉瓦造りの旧イギリス領事館。北に向けて大通りが伸びていて、その周囲にも商店街が形成されている。現在の下関の中心市街地は、唐戸交差点を中心としたこのエリアなのだろう。

ベーブ・ルースもやってきた、〝国際都市〟下関

さらに国道9号を東にゆけば、下関の歴史的シンボルである赤間神宮があり、高速道路の関門橋も見える。ひっきりなしに大きな船が航行し、関門海峡が海上交通の要衝であることも教えてくれる。赤間神宮のすぐ近くには小さな漁港もあって、このあたりは〝漁師町〟としての下関といったところだろうか。

関門橋のあたりは、源平合戦の締めくくりの一戦、壇ノ浦の戦いの舞台だ。平家一門はこの地で滅亡し、女御たちと安徳天皇は三種の神器とともにこの海に入水して自ら命を絶っている。人道トンネルが通っているのもちょうどこのあたり。800年以上も昔のそんなできごとに思いを馳せながら人道トンネルを歩くと、滅亡に追い込まれた平家一門の情念のようなものが伝わってきそうだ。

❶晋作通りは下関でいちばんの歓楽街。通り名の由来は下関市内で奇兵隊を率いて挙兵した高杉晋作にちなむ
❷晋作通りと国道9号の間にはこうした路地裏飲食街も。トンネル開通以前はこのあたりが〝駅前〟だった
❸下関警察署付近から旧下関駅跡地方面を見る。右手のビルの手前には、かつて山陽ホテルがあった
❹グリーンモール商店街の脇には古い市営住宅などが集まる一角も。戦後、半島に帰国できなかった朝鮮人が約1万人ほど下関に暮らしていたという
❺下関駅前のペデストリアンデッキに設けられた「釜山門」。この先がグリーンモール商店街だ。下関市と釜山市は1976(昭和51)年に姉妹都市になっている

手の届きそうなところに九州は門司の山が見える関門海峡の町。ここは、ほかにも歴史的なできごとがあった。幕末の1865（元治元）年、長州藩と英米仏蘭連合軍との間で勃発した下関戦争だ。朝廷が幕府に命じた攘夷を忠実に実行し、海峡を通る外国船を砲撃したのがはじまりだ。結果は長州藩のボロ負けで、連合軍の上陸すら許している。この戦争を機に、長州藩は欧米との国力の差を知り、攘夷から倒幕へと路線を変えてゆく。つまり、下関の地は幕末の政治の流れの〝境界点〟になったというわけだ。

壇ノ浦の戦いにしろ、下関戦争にしろ、関門海峡を望むこの町は、時代の転換点につながるできごとの舞台になった。これは、関門海峡、下関という町が地政学上の要所になっていたことの裏返し。対岸の九州まで狭いところではわずか650mしか離れていない境界は、複数の勢力がぶつかりあう土地になりやすいのだろう。

なお、このほかにも宮本武蔵と佐々木小次郎の巌流島決戦、また日清戦争終結の講和条約締結の地と、下関はいくつもの歴史のドラマに名を残している。

この下関戦争しかり、その後の長州征伐から倒幕、新政府の樹立まで、長州藩が幕末から明治にかけての政治の主導権を握ることができたのも、下関という港町を抱えていたからだ。毛利氏が台頭する以前は、大内氏が下関を抑えて勘合貿易によって大きな利益を得ていた。江戸時代に入ると朝鮮通信使の寄港地になり、さらには西廻り航路の拠点のひとつになった。九州からの航路ももちろん関門海峡を通る。その結果、下関は「西の浪華」と呼ばれるほどに繁栄したという。

だから、明治に入って関釜連絡船が就航して海外への玄関口になったのも、下関の歴史の上ではごく自然なことだった。山陽本線を建設した私設鉄道の山陽鉄道は、設立当初から下関への延伸を目指していた。それもまた、下関を抑えることの重要性をわかっていたからだ。

連絡船時代の下関駅があった場所のすぐ近く、下関警察署の向かいには、かつて山陽ホテルという山陽鉄道直営のホテルがあった。鉄道会社直営のホテルとしては日本で最初。下関で上陸する外国人を当て込んだ、洋式のホテルだったという。いまのように新幹線でひとっ飛びというわけにはいかない時代で、船で下関についてもすぐに列車に乗り継ぐことはできなかった。そこで、山陽ホテルで疲れを癒やしてもらおう、というしつらえだ。

１９０６（明治39）年に山陽鉄道が国有化されると、ホテルもそのまま国有鉄道に引き継がれる。大正時代には一度焼失したものの、すぐに再建。日本で初めての特急列車「富士」「櫻」が東京〜下関間で運転されたことからも、国際航路接続の下関の重要性が見て取れる。

戦前、大陸に渡る日本政府や財界の要人も、また来日した外国人も、山陽ホテルをよく利用した。たとえば、１９３４（昭和９）年の秋に来日した、ベーブ・ルースやルー・ゲーリックらを擁するメジャーリーグ選抜チーム。まだ関門トンネルのない時代で、彼らは試合当日の朝に列車で下関に到着。連絡船で九州に渡り、小倉の到津球場で試合に臨んだ。この試合でベーブ・ルースは予告ホームランを放ったという。そして試合後は再び連絡船で下関に戻り、山陽ホテルでの晩餐会に招かれている。下関を後にしたのは夜21時50分の夜行列車だ。スーパースター軍団にしては慌ただしすぎるスケジュールだが、それもこれも山陽ホテルあってこそ、といったところか。

このように、半ば要人接待用のホテルまで擁していた下関。当時の隆盛ぶりがうかがいしれるというものだ。

しかし、１９４２（昭和17）年に関門トンネルが開通すると、九州連絡の役割は関門連絡船からトンネルへ。さらに、戦争の時代に入って国際港としての役割は低下する。戦後も関門国道トンネル・高速道路・新幹線が相次いで開通して、交通の拠点としての存在感はますます薄れてゆく。

そんな中でも、１９７０（昭和45）年には終戦以来25年ぶりに関釜間の航路が復活し、国際色豊かな町としての性質はいまも保たれている。下関駅前のペデストリアンデッキには、韓国風の「釜山門」。この門の先には、山陽本線沿いにコリアンタウンの「グリーンモール商店街」が続く。線路の西側には〝リトル・プサン〟の長門市場もある。

勘合貿易、朝鮮通信使の時代からの長い歴史の中で、釜山との深い関係を築き上げてきた下関。それは、単なるJR間の境界ではなく、日本と大陸との〝境界〟だった時代の面影を残した町なのである。

姪浜

福岡の交通の利便性を支える地下鉄の境界駅

Meinohama

JR九州
福岡市地下鉄

DATA

境界駅のカテゴリ 会社間境界
所在地 福岡県福岡市
所属路線 福岡市地下鉄空港線／JR筑肥線
開業年月日 1925(大正14)年4月15日
ホーム 2面4線

❶姪浜駅の手前で空港線は地下から地上に顔を出す。写真のようにJR車両も地下鉄に乗り入れている
❷姪浜大通り。クルマも人も交通量が多く、沿道には多くの商業施設や公共施設。姪浜のメインストリートになっている
❸姪浜駅南口の一角。すこし駅から離れるだけで、静かな住宅地に変わる
❹姪浜駅北口の目抜き通り。街路樹が植えられていて心地よい町並みがつくられている
❺姪浜駅北側を東西に走る明治通り。このあたりに西鉄福岡市内線の姪の浜電停があった
❻旧唐津街道は、福岡藩や唐津藩の参勤交代でも使われた。いまも往時の面影が残っている

福岡空港から30分足らず、地下鉄とＪＲの境界

飛行機で福岡を訪れた人の多くは、ターミナルビルの地下に潜って福岡市地下鉄空港線に乗ることになる。行き先は、だいたい博多駅か天神駅といったところだろうか。ＰａｙＰａｙドームに行くなら唐人町駅がいちばん近いし、歓楽街に繰り出すならば中洲川端駅がよい。いずれにしてもこの地下鉄路線は、福岡市の主要どころを走って陸と空の玄関口にも連絡しているのだ。

これほど便利な地下鉄路線は、日本中どこを探しても見当たらない。出張族や転勤族の憧れの都市として、しばしば名が挙がる福岡県福岡市。その大きな理由のひとつは、まちがいなくこの全国屈指の交通の利便性だろう。ほどよい大都市でコンパクトさと懐の深さを兼ね備えているからこそ、こうした便利な町ができあがる。

そして、福岡空港から地下鉄に乗るときの電車の行き先は、おおよそふたつに分かれる。ひとつが、直通先のＪＲ筑肥線の筑前前原駅だ。

福岡市内を抜けると糸島半島の基部を横断し、唐津湾沿いを走って唐津駅までを結ぶＪＲ筑肥線。筑前前原駅はその真ん中あたりに位置していて、福岡県糸島市の代表駅だ。糸島市というと、最近ではイチゴの「あまおう」の産地としてよく知られるようになった。そして、『魏志倭人伝』に登場する「伊都国」があった場所として推定されている。実際に遺跡も多く見つかっているし、古代には対外交流の拠点のひとつでもあった。

そんな糸島の中心・筑前前原駅と並んで、空港線の行き先の定番が姪浜駅である。

姪浜駅は、ＪＲ筑肥線と空港線の境界の駅だ。所在地はまだまだ福岡市内に含まれる福岡市西区。駅のすぐ近くに西区役所があり、周辺には同区の中心市街地が広がっている。

この姪浜、本書で訪れたさまざまな〝境界駅〟のなかで、いちばん都会的な駅ではないか。都会的といってもいろ

いろな解釈があるが、大都市近郊のベッドタウンターミナルとして、実に過不足ないという意味での〝都会的〟だ。曖昧模糊としているので具体的な例を出せば、東京では西武池袋線の練馬駅や小田急線の経堂駅などをイメージしてもらえればいいだろうか。それほどに、姪浜駅は都会的な雰囲気を大いに携えた駅である。

空港線は地下鉄なので、ほとんどの区間で地下を走る。地上に顔を出すのは、高架の姪浜駅に到着する直前だ。室見川をトンネルで潜って愛宕山の南麓をかすめ、右手に自動車学校を見ながら一気に高架へと駆け上る。そして、そのまますぐに姪浜駅のホームに滑り込む。直通運転をしているので中間駅のひとつという印象が強いが、地下鉄空港線としては終着駅だ。

姪浜駅を管理しているのは福岡市交通局だ。ただし、高架下から直結している駅ビルは、JR九州が運営する「えきマチ1丁目」。このあたりは、いかにも境界駅らしい特徴のひとつといっていい。

姪浜の都会的なところは、駅を出ればすぐにわかる。だいたい多くの駅は、どちらかひとつの出入口がメインで、それ以外はサブ的な役割になっている。ところが、姪浜駅の場合は北口・南口のどちらに出てもまったく遜色のない都会的な駅前風景が待ち受けているのだ。

それでも強いて言うなら、まずは南口に出ることをおすすめしたい。立派な駅前広場の周囲を商業ビルが取り囲み、公園スペースになっている中央島には波の形をした大きなオブジェ。姪浜の港に伝わる「龍王うさぎの伝説」をモチーフに設置されたものだという。このオブジェも駅の外壁も、ブルーがあしらわれていて爽やかさもたっぷり。港に近い都会的な駅、というイメージは、もうこの駅前にやってくるだけでも確かなものになってくる。

さらに駅の周りを歩く。どの道も人通り・クルマ通りともに多いのだが、姪浜一帯における南北のメインストリートは駅の西側で高架をくぐる姪浜大通りだろう。駅に近い一角には西区役所があり、南に目を向けると、「ウエストコート姪浜」という商業施設があって、ロードサイドでおなじみのチェーン系店舗の看板が色鮮やかにひしめき合っている。さらにその先には、福岡高速道路環状線の高架も見える。

このあたりから駅前一帯は、オフィスビルや大きなマンションが建ち並び、姪浜中央公園から南側は戸建て住宅が中心の住宅地ゾーンだ。駅前や姪浜大通りは賑やかで、ものの5分も歩けば住宅地ゾーンに入り、うってかわって静謐な世界。駅の正面からまっすぐ南に下ったところに中央公園があるという配置もまた、憎いところではないか。やはり姪浜という町は、ここで暮らす人たちに最高の環境を提供している都会的な町なのだ。

駅の北側も歩こう。姪浜駅北口は、南口とは少し変わって細い道路と背の低い商業店舗が中心のエリア。街路樹になっている駅前通りをまっすぐ北に抜けると、明治通りという大通りに出る。明治通りには、かつて西鉄の福岡市内線、路面電車が走っていた。明治通り沿いにあった姪の浜停留所はその西の終着駅。１９１０（明治43）年に開業した、姪浜一帯ではじめての鉄軌道だった。

１９７５（昭和50）年に路面電車は廃止され、路線バスに置き換わる。そしていまは地下鉄もやってきているから、きわめておおざっぱな言い方をすれば、地下鉄空港線のルーツは明治通りを走っていた路面電車、ということになる。さらに、明治通りより一本北側には、旧唐津街道が通っている。姪浜一帯の鎮守・姪浜住吉神社が鎮座する細い街路は、いかにも旧街道の面影を残している。

旧唐津街道が近くを通り、路面電車の停留所。つまり、姪浜のもともとの中心は明治通り沿いの一帯だったのだ。明治通りより北側に歩くと、入り組んだ路地のように細い道沿いに小さな住宅がひしめき、そのまま姪浜の中心を流れる名柄川に出る。その奥には、博多湾に浮かぶ能古島へのフェリーも出ている港湾部だ。

港湾部の西側には商業施設のマリノアシティ、東側にはニュータウンのマリナタウン。マリナタウンの北端には高層マンションが並び、海沿いは海水浴場にもなるマリナタウン海浜公園だ。マリノアシティとマリナタウンを結ぶマリナ通りという大通りから港を見ると、すぐ近くに能古島。さらに奥には志賀島の島影が浮かんでいる。明治通り周辺、旧唐津街道を中心としたどことなく昔ながらの町並みと、まったく新しい海沿いのニュータウンがここでは見事に共生している。このあたりも、都会的な特徴のひとつといっていいだろう。

❶高架の北側には自動車学校。そしてその奥にはマンションが並び、愛宕山が見える
❷マリナタウンは1995年の夏季ユニバーシアード選手村として活用されたのがはじまり
❸姪浜駅北口。旧来からの市街地に近い出入口で、南口と比べるとどことなく懐かしい雰囲気を持つ
❹姪浜港には1974（昭和49）年にヨットハーバーができた。奥には能古島、そしてさらにその奥に志賀島が見える
❺姪浜に残る元寇土塁。かつてはこのあたりが海岸線だったが、埋め立てられて内陸に後退している

神功皇后の伝説に元寇土塁、そして炭鉱——

姪浜は、糸島に負けない歴史を持つ土地だ。そもそも地名の由来からしてハンパではない。神功皇后《じんぐう》が三韓征伐に赴いた帰路、この浜に着いて上陸し、袙の衣を干したのだとか。それが由来となって袙浜《あこめ》と呼ばれるようになり、転じて姪浜となった。

このあたりは伝説の域を出ないが、史実においても姪浜は大きな役割を果たしている。鎌倉時代、元が二度にわたって日本に攻め込んできた。一度目の文永の役では博多湾一帯が激戦地になった。定かなことはわからないが、そのときに姪浜も戦場になっていた可能性は大いにあるだろう。

そして、二度目の元軍侵攻に備え、鎌倉幕府は博多湾から唐津湾にかけての海沿いに土塁を築かせる。姪浜には肥後国（現在の熊本県）に所領を持つ御家人によって土塁が築かれた。マリノアシティ近くの団地の中に入ってゆくと、きれいに整備された土塁跡が史跡として明瞭に残されている。こうした土塁の効果もあって、二度目の蒙古襲来、弘安の役では元軍を上陸させることなく追い返すことに成功した。姪浜は、そうした歴史の舞台であった。

近世には唐津街道の宿場になっていたことは先にも書いたとおり。いまの明治通りより南側、つまりちょうど姪浜駅があるあたりは田畑で、一帯で石高2000石を上回る大きな村だったという。明治に入ると魚市場が置かれて壱岐や対馬からも魚が集まった。ここで商いされた魚は福岡市の中心部で売りさばかれている。

このあたりまでの姪浜は、唐津街道沿いの宿場を除けばどちらかというと農業と漁業が中心の田舎町だった。それを一変させたのは、炭鉱である。

1914（大正3）年、姪浜の東側にある愛宕山北麓の海沿い（いまのマリナタウン）で石炭の採掘がはじまった。姪浜炭鉱・早良《さわら》炭鉱などと呼ばれ、最盛期には8000人もの炭鉱労働者がこの町で暮らしていたという。明治通りを走っていた路面電車は、石炭輸送を目的とする軌道がルーツだ。１９２５（大正14）年開業の筑肥線も炭鉱方面に線路を分岐させ、石炭の輸送を担っていた。そして、漁業と農業を中心とした町の営みは、炭鉱を背景にした商業都市に転じてゆく。いまの姪浜の市街地は、大正から昭和のはじめにかけて形作られた炭鉱都市がベースになっている。意外にも思えるが、かつての姪浜は武骨な炭鉱都市だったのである。

姪浜の炭鉱は、１９６２（昭和37）年に閉山して姿を消す。その跡地は住宅地に生まれ変わり、駅周辺もベッドタウンとして発展してゆく。しかし、ベッドタウンへの変貌が進む中で、弱点になっていたのは交通の便だった。路面電車は１９７５（昭和40）年に廃止されてしまい、残った筑肥線も非電化のままだった。博多〜佐世保間の急行「からつ」「平戸」などが走ってはいたものの、本質としてはローカル線。姪浜の利便性を高めるほどの役割は果たしていなかった。

そんな状況は、１９８３（昭和58）年の地下鉄空港線と筑肥線の直通運転開始で激変する。地下鉄の乗り入れに合わせて筑肥線は非電化から直流電化され、姪浜から福岡市の南部を迂回していた旧線は廃止された。かくして、天神や博多、福岡空港に一本で結ばれる町になったのである。

以後の姪浜は、福岡市西部の拠点ターミナルとして飛躍的に発展する。駅周辺の区画整理事業も進む。２０００年代に入ると、海側の埋立地にマリナタウンやマリノアシティなどが開業。牧歌的な田園地帯だった駅南側も、高層マンションが建ち並ぶ住宅地ゾーンへと変わっていったのである。

つまり、姪浜にはすべてがある。神話時代の伝説から、海外からの侵攻と戦った歴史、旧街道の町並み。炭鉱という日本の近代化の礎。福岡の中心部に直結する地下鉄と駅周辺の都会的なエリア。無料の市営渡船に乗れば、すぐに能古島に行くことだってできる。姪浜大通り沿いには、必要充分なチェーン店が揃っているし、足りないと思えば地下鉄に乗って天神に行けばよい。筆者にとって唯一の弱点は、ドトールコーヒーがないことくらいだろうか。いつか、福岡に引っ越すことがあるならば、迷うことなく姪浜に住みたいと思う。姪浜は、それくらいの町なのである。

八代

九州新幹線開業で生まれた三セクとの境界駅

Yatsushiro

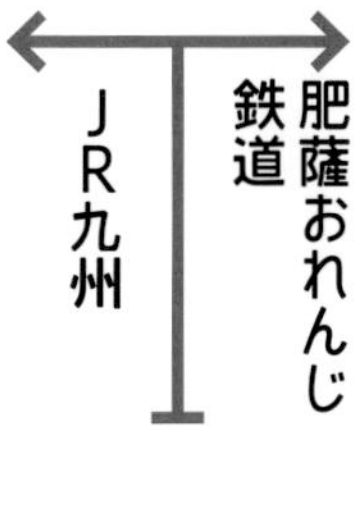

DATA

境界駅のカテゴリ 会社間境界
所在地 熊本県八代市
所属路線 鹿児島本線／肥薩線／肥薩おれんじ鉄道線
開業年月日 1896（明治29）年11月21日
ホーム 2面4線

❶JR八代駅に隣接する肥薩おれんじ鉄道の八代駅舎。駅構内でも連絡されている
❷球磨川の分流・前川が市街地の南側を流れる。奥右手で前川と球磨川が分かれている
❸旭中央通(国道3号)。チェーン系の飲食店やアパレル店のほか、八代グランドホテルも道沿いに
❹八代駅前から見る製紙工場。1896(明治29)年にできた九州最初の製紙工場がルーツだ
❺本町アーケード。八代の中心市街地はこのアーケードを核として広がっている

九州新幹線開業で生まれた境界駅も20年

もう20年くらい前のことだから、多くの人が忘れてしまっているかもしれないが、九州新幹線は八代から始まった。2004（平成16）年3月13日、九州新幹線の新八代〜鹿児島中央間が開業したのが、九州における新幹線のはじまりだ。九州新幹線の全線開業は2011（平成23）年3月11日だから、実に7年にわたって、「八代」という町は新幹線の起点、スタート地点として存在感を示していた。

新幹線のターミナルは、古くからの玄関口・八代駅ではなく、新幹線のために新たに生まれた新八代駅だ。八代駅とは2・8㎞離れた田園地帯に設けられ、在来の鹿児島本線と新幹線をつなぐ連絡線もあった。在来線特急「リレーつばめ」と新幹線「つばめ」の対面乗り換えを実現するための構造だ。この構造は2022（令和4）年秋に開業した西九州新幹線武雄温泉駅でも採用されている。リレー特急との乗り継ぎの手間感を低減させる妙案だ。他の交通機関との競争の激しさを物語っているのだろうか。

九州新幹線全線開業後は在来線からの特急が八代の連絡線に乗り入れることはなくなったが、実はしばらくの間はフリーゲージトレインの走行試験に使われていた。そんなエピソードを抱えつつ、八代の町は新幹線のターミナルという役割を果たしていたのだ。

そして、在来線の八代駅にも大きな変化があった。八代〜川内間が並行在来線としてJR九州から経営分離され、第三セクターの肥薩おれんじ鉄道に移管された。それまでの八代駅は、鹿児島本線の駅のひとつであり、球磨川沿いを山間部に向けて遡る肥薩線との乗り換え駅に過ぎなかった。それが、第三セクター誕生によって、JR九州と肥薩おれんじ鉄道の境界駅になったのである。

2023（令和5）年現在、肥薩線は3年前の豪雨災害の影響で長きにわたる運休中。そのため、JR九州としては、八代駅は〝終着駅〟になっている。同時に肥薩おれんじ鉄道線は、八代駅が起点になった。

実際には新幹線接続の新八代駅から八代駅以南の肥薩おれんじ鉄道線へと乗り入れる列車も設定されている。また、鹿児島本線の川内～鹿児島間は経営分離されず、ＪＲ九州のままだ。ただ、事実上という意味では、ＪＲ九州の鉄道ネットワークの南の境界という位置づけであろうことはまちがいないといっていい。

ここで気になることは、肥薩おれんじ鉄道の有りようだ。たとえば、先行して開業していた県をまたぐ並行在来線の第三セクターとしては、ＩＧＲいわて銀河鉄道と青い森鉄道がある。これらは岩手県と青森県、つまり県境で会社を分けている。同様に、旧信越本線はしなの鉄道とえちごトキめき鉄道、北陸本線はＩＲいしかわ鉄道とあいの風とやま鉄道、えちごトキめき鉄道と、いずれも県境で分かれている。運転系統では県境をかまわずに一体化しているケースが多いものの、会社は県境で異なっているのだ。

これはある意味で当然といっていい。というのも、地方公共団体が出資する第三セクターでは、出資する関係団体が少ない方が機動的な経営ができるのだ。経営分離されて第三セクターになった時点で、広域輸送の役割はほぼ失われている。そのため、新生第三セクターに求められるのはどちらかというとキメの細かい地域輸送。複数の県にまたがって出資団体が広がっていると、利害関係の対立も生まれてことがスムーズに運ばないことも起こりうる。

しかし、肥薩おれんじ鉄道はその名の通り、熊本県と鹿児島県を跨いでいる。その背景には、熊本県側と鹿児島県側での予測される利用状況の違いがあった。熊本県側には起点の八代をはじめ、水俣など一定規模の都市が多い。そのため、比較的良好な収支が予測された。いっぽう、鹿児島県側は厳しい収支予測。鹿児島側単独では路線の維持が難しいとされ、両県合同で第三セクターを設立することになったのである。

うまくできているといえばできている。ただ、熊本側の利用者による収入で鹿児島県側のマイナスを補うことに対する反発もなかったわけではないようだ。いずれにしても、２０２４（令和６）年３月で、肥薩おれんじ鉄道線は開業から丸20年の節目を迎える。そして、八代駅が境界駅になってからもちょうど20年である。

九州でも有数の工業都市を支えた歓楽街

八代駅は、八代市街地の東にある。

ＪＲ九州と肥薩おれんじ鉄道で駅舎は分かれていて、東側がおれんじ鉄道だ。もちろん駅の構内では線路を含めて互いに繋がっているので、ＪＲ九州からおれんじ鉄道への乗り換え客はホーム上を移動するだけで済む。八代駅が境界駅になってからも、ＪＲ側では１９１１（明治44）年に建てられた木造駅舎が使われていた。ただ、２０１７（平成29）年以降建て替えられて、いまはすっかり装いを新たにしている。

小さな駅前広場の向こう側には、さすが熊本、くまモンが鎮座する。そして、駅の裏側には絶え間なく噴煙を上げる高い煙突が何本も。日本製紙の八代工場で、八代駅は工業都市・八代を象徴するターミナルという側面も持っているというわけだ。

八代が工業都市になったのは明治時代半ばから。中心市街地を取り囲むようにして、他にはセメントや飲料などの工場が建ち並んだ。戦中から戦後にかけて、工業都市としての八代は全盛期を迎えている。工業出荷額では北九州に次ぐ、九州有数の工業都市だったのだ。かつてはそれらの工場への引き込み線も設けられていたが、１９８０年代にはいずれも廃止された。いまでも日本製紙をはじめ、興人フィルム&ケミカルズ、メルシャン、ＹＫＫ ＡＰなどの工場が市街地近くで操業を続けている。

八代駅から中心市街地へは、駅前通りを少し歩いて国道3号（旭中央通）を右に折れてまっすぐ歩く。これがいちばんの近道かどうかは心許ないが、旭中央通をざっと20分ほど歩かねばならない。道沿いにはおなじみのロードサイド系店舗がずらり。クルマ通りも多く、いかにも地方都市らしい光景が広がっている。

20分ほど歩くと、先にアーケードの入り口が見えてくる。八代本町アーケードといい、いわゆる昔ながらの商店街

❶

3

2

5

4

❶市街地の東入口側にはキャバレーニュー白馬。ダンスホールとキャバクラを合わせたような施設で、昭和の歓楽街の象徴だった
❷こちらはいまも八代に残る遊郭建築。こうした遊興施設が多いのは、八代が工業都市として繁栄を謳歌していた証だ
❸河童伝説の伝わる地のひとつ、八代。それにしてもこの河童の像は大きすぎる
❹八代城。熊本藩第二の城で、細川氏家老の松井氏が幕末まで拠点としていた。いまは八代宮が城跡に鎮座
❺出町公園は初代八代駅の跡地。駅移転後も球磨川駅と名を変えて、貨物取扱所として活躍を続けた

だ。昭和の昔には、このアーケードの中にも八代大洋デパートという百貨店があったというが、とうの昔に姿を消している。他もシャッターを下ろしている店が目立つ。人通りもまばらだ。訪れた時間帯が悪かったのかどうかはわからない。いずれにしても、地方都市の商店街がシャッター街になるのは、とりたてて珍しいことではない。

アーケードに隣接して広がっているのは、おびただしい数のスナックが集まっている歓楽街だ。南九州は日本でも指折りのスナック文化が定着している地域だ。だから、いまもアーケードを歩く人はいなくても、夜になればスナックに繰り出す地元の人は少なくないのだろう。スナック街の一角には、「キャバレーニュー白馬」というキャバレーまで営業を続けている。

キャバレーとは、明治時代のカフェーに源流を求めることができる施設で、わかりやすくいえばダンスホールを備えたホステスによる接客サービスの店、といったところだろうか。キャバクラとクラブ（踊る方）の合体版、とでもいえばわかりやすいだろうか。戦後まもない時期に、進駐軍向け慰安施設として東京に生まれ、全国に広がった。昭和の終わり頃からディスコやキャバクラなどに細分化されてゆき、昭和の遺物としていまはほとんど絶滅危惧。数少ない〝最後のキャバレー〟が八代に残っている。

残っているのはキャバレーだけではない。スナック街のさらに奥まった一角には、終戦直後の遊郭建築がいまも一軒だけ残っている。本町のアーケード街の南側、紺屋町と呼ばれる一帯は、明治時代から戦前までは遊郭街、さらに戦後まもない時期までは特殊飲食街だった。キャバレーがあるのもそうした背景によるものだ。1881（明治10）年頃には芸娼妓200人ほどを抱える熊本県内でいちばんの遊郭街。大正時代には300人を超える芸妓・娼妓がいたというから、その規模たるやいかばかり。

こうした遊郭街、歓楽街が栄えた背景も、やはり八代が工業都市として賑わっていたからだ。戦前の遊郭街としての賑わいぶりはもとより、戦後になっても風俗街、そしてスナック街へと移りつつ、工業都市・八代で働く人たちの憩いの場になってきた。〝八代の奥座敷〟たる日奈久温泉の賑わいぶりもたいそうなものだったという。八代の中心地や日奈久温泉は、県都・熊本をも凌ぐ繁栄だったようだから、工業都市・八代の底知れぬパワーがうかがえる。

そんなかつての歓楽街の間を抜けて前川（球磨川の分流）沿いにでる。すると、唐突に巨大な河童の像が現れた。寂れた遊郭街を歩いた直後の巨大な河童にはなかなか驚かされる。というか、ちょっと怖いくらいだ。

実は、八代は河童が日本に上陸した土地なのだとか。

中国の黄河流域で暮らしていた河童の一族が海を渡って八代に流れ着き、球磨川沿いで暮らすようになった。あまりに繁栄して人里を荒らすようになったので、加藤清正が猿に命じて河童の退治。降参した河童は筑後川沿いに移住して、水天宮の使いになった……。火野葦平の小説にも書かれた伝説で、もちろん事実ではない。が、筑後川沿いの田主丸も河童の郷として知られていることを思えば、かなり古くから定着していた伝説であることはまちがいない。八代の河童像は、そうした伝説をいまに伝えているものだ。

再びアーケードに戻り、さらにその少し北側に行くと八代城のお堀と石垣が見える。その脇には市役所……かと思ったら、それ以上に大きく立派な熊本総合病院。「お城通り」と呼ばれるお堀と市役所の前の道沿いは、八代のシビックセンターエリアだ。

ここから少し東側には、「出町公園」という公園がある。1896（明治29）年、九州鉄道の終着駅として八代駅が開業したときは、この場所に駅があった。少しでも中心市街地の近くに乗り入れようとしたためだろう。ただ、この場所ではさらなる延伸には適していない。そこで、国有化後の1908（明治41）年に人吉まで延伸した際に、現在地へと移転した。それからも、出町公園には球磨川駅が置かれ、1989（平成元）年までは貨物扱い所として使われている。

現在地に移転した八代駅からは、1923（大正12）年に海岸経由の路線が開業。1927（昭和2）年には海岸経由が全通して鹿児島本線が完成した。従来の人吉経由は肥薩線となって、ローカル化。その枠組みは、100年近く経ったいまも変わっていない。内陸経由か海岸経由か。八代は、そうした二つのルートの〝境界〟でもあったのだ。

敦賀

Tsuruga

日本と海外、交直流、そしてJR三セク、三度目の境界に

交流電化 ⟷ 直流電化

DATA

境界駅のカテゴリ 電化方式境界
所在地 福井県敦賀市
所属路線 北陸本線／小浜線
開業年月日 1882(明治15)年3月10日
ホーム 3面7線

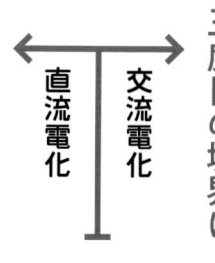

❶敦賀駅前の大通り。氣比神宮までは「シンボルロード」として、『銀河鉄道999』や『宇宙戦艦ヤマト』のキャラクターの像が並ぶ。海外にも開けていた鉄道と港の町であることを記念して、1999(平成11)年に設置された
❷敦賀駅前には商業施設もできている。新幹線延伸開業後は多くの観光客で賑わうことになりそうだ
❸町中にはこうした古い街並みも残る。江戸時代以前から港町として栄えてきた敦賀の歴史の一幕だ
❹奥に見える交差点を右に曲がると氣比神宮。アル・プラザは滋賀県民なら知らぬものはいないスーパーだ
❺氣比神宮は北陸道の総鎮守として古代より朝廷から手厚く保護されてきた。三韓征伐に赴く神功皇后も参拝したという

欧亜国際連絡列車と接続する、〝海外に開けた境界駅〟

２０１９（令和元）年に放送されたＮＨＫ大河ドラマ『いだてん～東京オリムピック噺』を覚えているだろうか。日本人が初めてオリンピックに参加した１９１２（明治45）年のストックホルムオリンピックから１９６４（昭和39）年の東京オリンピックに至るまでの、スポーツ界を中心とした悲喜こもごものドラマを描いた作品である。

肝心の２０２０（令和２）年に予定されていた東京オリンピックがコロナ禍で1年延期され、さらに収賄などなど醜聞にまみれてミソをつけてしまったが、『いだてん』が放送されていたころは来たるべきオリンピックを盛り上げようという機運がそれなりに高まっていたものだ。

それはともかく、『いだてん』前半の主人公はストックホルムオリンピックに参加したマラソン選手の金栗四三だった。このオリンピックには、他に三島弥彦が参加している。たった2人の選手団、であった。ここで問題なのは、彼らがどのようにして日本からストックホルムに向かったか。答えは、欧亜国際連絡列車である。

欧亜国際連絡列車とは、文字通りヨーロッパとアジアを結ぶ列車のことだ。もちろん間には海があるから、航路接続の連絡列車。ちょうどストックホルムオリンピック開催と同じ年の１９１２（明治45）年、東京らヨーロッパまで1枚のきっぷで旅することができるようになった。金栗四三と三島弥彦は、開業まもないこの欧亜国際連絡列車を使ってストックホルムを目指したのだ。

欧亜国際連絡列車の日本側の出発地は当時のターミナル・新橋駅。まだ東京駅は開業していない。金栗たちは5月16日に新橋駅を出発し、金ヶ崎から船でウラジオストクに渡り、シベリア鉄道で現在のサンクトペテルブルクへ。また船に乗り継いでスウェーデンのストックホルムにたどり着く。到着は6月2日。半月ほどの長旅だった。

その後も第二次世界大戦勃発までは欧亜国際連絡列車の運行は続けられ、日本とヨーロッパを結ぶ最短ルートとして多くの人たちが利用している。

飛行機に乗ればあっというまに世界中どこにでも行くことのできるいまからすれば信じがたいことではあるが、ひと昔前までは鉄道と船でヨーロッパに渡っていたのだ。そして、この欧亜国際連絡列車の日本側の拠点となったのが、金ヶ崎。のちの敦賀港駅である。つまり、敦賀という町は日本と海外を結ぶ〝境界〟の町だったのである。

海外、ヨーロッパに向けて開けていた敦賀港の駅は、いまはもうなくなった。第二次大戦中の混乱の中で旅客輸送が廃止され、事実上貨物専用として使われていたが、２００９（平成21）年に貨物列車の設定が消滅。そのまま『いだてん』が放送されていた最中の２０１９（平成31）年4月1日に正式に廃止されている。

そして、いまの敦賀のターミナルは敦賀港よりもだいぶ内陸側の敦賀駅。２０２４（令和6）年春の北陸新幹線開業を目前に、駅の装いを新たにしているところである。

かくして、海外への境界という役割はとうの昔に失われた敦賀だが、いまでも敦賀駅は〝境界駅〟である。

北陸新幹線敦賀延伸以前の段階で、敦賀駅は北陸本線における直流電化・交流電化の境界だ。

北陸本線は１９６９（昭和44）年に全線の電化が完成した。その時点では、田村〜糸魚川間が交流電化、その他の区間が直流電化だった。なので、敦賀駅はまだ何の境界駅にもなっていない。ところが、国鉄が解体されてＪＲに移行すると、２００６（平成18）年までに米原〜敦賀間の直流電化への変更が完成する。これによって、敦賀駅は直流と交流の境界駅になり、同時に大阪・京都方面からの新快速の乗り入れもはじまった。すなわち、福井県ではありながらも、事実上〝関西〟の鉄道ネットワークの一部に組み込まれることになったのだ。

敦賀は、福井県は嶺南地域の中心都市である。南は野坂山地、東は丹生山地に囲まれ、東には敦賀半島、北は敦賀湾。四方を海と山で囲まれた閉ざされた港町だ。こうした地理的な背景もあって、福井県、越前国に属しながらも近江、そして京・大坂との結び付きが強かった。敦賀までの直流電化変更は、歴史的文脈からすればまったく不思議なことではないといっていい。

いまも、敦賀駅前から中心市街地に向けて歩いて行くと、駅前の目抜き通りが国道8号にぶつかる交差点の角には平和堂系列のスーパーマケーット「アル・プラザ」が待ち構えている。平和堂は滋賀県内で完全に覇権を握っている地場の一大スーパーチェーン。それが敦賀の中心市街地にあるということからも、敦賀と滋賀県は野坂山地を隔ててなお強い結び付きにあることがよくわかる。

敦賀と近江・京阪神の結び付きも、港のおかげだ。古代から対外交流の拠点になっており、北陸道で野坂山地を越えれば琵琶湖水運とも連絡される。若狭を除く北陸各地の物資はすべて敦賀に集められ、そこから京に運ばれていた。そうした要衝だったがゆえ、中世には軍事上も重視されるようになる。戦国時代に越前を支配した朝倉氏は、敦賀の港を見下ろす金ヶ崎城を防護基地としていた。

江戸時代になっても、その初期には譜代の酒井氏が入って城下を整備し、人口1万5000人を超える大都市に育つ。その当時、年間80万石近い米が敦賀に水揚げされていたという。それもこれも、京阪地域との結び付きの強さがゆえ。北陸地方にとって、敦賀は京都・大坂の玄関口だったのだ。

そんな敦賀の繁栄は、西廻航路の開設によっていったん終わりを告げる。敦賀の復権は、明治に入って鉄道が開業してからである。明治政府は天然の良港・敦賀にいち早く目をつけており、1869（明治2）年の鉄道建設の廟議決定でも、「琵琶湖辺ヨリ敦賀ニ達シ」と明確に敦賀の名が挙げられている。これはもちろん、敦賀を海外との連絡港とする構想があったからだ。

1882（明治15）年には日本で三番目の鉄道路線として敦賀まで開業する。さらに鉄道の伸張とウラジオストクまでの航路開設、シベリア鉄道の完成もあって、最初にみたように欧亜国際連絡列車の営業開始に至る。飛行機という文明の利器がない時代、一貫して日本海側は大陸、すなわち海外に最も近かった。その中でも列島の中心に位置して京阪神に近く、天然の良港を持つ敦賀という町は、実に大きな意味を持っていたのである。鉄道がいち早く開業し、国際連絡列車の拠点として〝境界〟になったのは、こうした歴史の結実であった。

❶気比の松原近くには民宿も。海水浴の季節ではなかったが、海沿いには多くの人が遊びに訪れていた
❷気比の松原には戦時中陸軍の高射砲が置かれていたという。いまは静かな内海の海岸だ
❸このあたりにちょうどウラジオストク行きの船の桟橋があったと思われる。いまは公園として整備され、痕跡はない
❹赤レンガ倉庫は100年以上の歴史を持つ、敦賀観光のシンボルのひとつだ
❺敦賀港線の廃線跡。オフレールステーションとしては現役で、敦賀港駅跡地にはコンテナが積まれている
❻市街地の中には敦賀湾に通じる船溜まり。漁港町としての側面もあり、敦賀港の重要性はいまだ衰えていない

古代から近代、そして未来へ――積み重なった敦賀の歩み

港町・敦賀の歴史は、町のあちこちに残っている。

北陸新幹線の延伸開業を控えて仕上げの工事に余念のない敦賀駅。２０１０（平成22）年まで使われていた旧駅舎時代は、国鉄の香りが濃厚に漂う武骨な雰囲気を持っていた。しかし、いまの新駅舎はすっかりファッショナブルな現代駅舎。駅前のロータリーもすっかり一変していて、ほんの少し前まで持っていた古のターミナルの面影は失われつつあるようだ。

敦賀駅前から目抜き通りを歩き、国道8号との交差点を右に折れてさらに進めば氣比神宮。『古事記』『日本書紀』にもその名が出てくる北陸きっての古社で、敦賀の町並みは氣比神宮の門前町という性質も持ち合わせている。

１８８２（明治15）年に開業した敦賀駅、実は氣比神宮の南西脇に置かれていた。敦賀の中心市街地に近いことに加え、敦賀港駅（開業時は金ヶ崎駅）に連絡しやすい場所が選ばれたのだろう。ただ、その場所では北陸方面に延伸する際に天筒山がじゃまになる。しばらくは方向転換して北陸に向かっていたが、１９０９（明治42）年に現在地に移転している。港に近い中心市街地と玄関口の敦賀駅がやや離れた場所にあるのは、こうした経緯による。

氣比神宮の鳥居前から東に延びる商店街の道筋を辿ると笙の川を渡り、さらにその先の敦賀湾沿いに出ると、国の名勝・気比の松原だ。海水浴場にもなっている海岸では、釣り糸を垂らしている太公望たちの姿も目立つ。近くには海水浴客をあてこんでいるのか、民宿なども建ち並んでいる。

気比の松原に立つと、丹生山地と敦賀半島に囲まれた湾の構造がよくわかる。敦賀半島の先端には敦賀原子力発電所。その奥には高速増殖炉もんじゅもあり、敦賀をはじめとする福井県の嶺南地域一帯が〝原発の町〟であることも教えてくれる。

海沿いを東に戻るように歩いてゆくと、旧敦賀港駅舎を移築・保存して活用している敦賀鉄道資料館が見えてくる。その先にあるのは敦賀赤レンガ倉庫だ。１９０５（明治38）年に石油の貯蔵倉庫として建設され、いまはレストランなどとして利用されている港町・敦賀のシンボルだ。その前の道にはかつて線路が敷かれていて、貨物駅としての敦賀港の一部になっていた。

海沿いをさらに歩くと、公園の一部に消えてしまった敦賀港駅の跡地にたどり着く。敦賀港駅はとうの昔に旅客営業を終え、船へと接続していた桟橋の痕跡も皆無だ。それどころか、貨物駅としても廃止されていまはオフレールステーション。列車の走らないレールが朽ちながらも残されていて、その奥にはコンテナが積み上げられている。廃線廃駅ながらも赤レンガ倉庫などと並ぶ敦賀の見どころのひとつになっているようだ。

そして、敦賀港駅跡のすぐ北側の山の上には、敦賀の町を一望できる金ヶ崎城跡がある。朝倉氏に限らず幾多の大名がこの地を巡って争った。敦賀という港町を抑えることがいかに戦略上重要だったのか。敦賀の町中には、古代をしのべる氣比神宮や気比の松原から、金ヶ崎、近世敦賀の町割り、近代日本の海外との〝境界〟まで、あらゆる時代の面影が積み重なっていまに残っている。玄関口・敦賀駅が町の中心からやや離れた場所に置かれたのは、そうした重層的な町の歴史を破壊することなく残すという意味では、まったく運が良かったといっていいのかもしれない。

そんな敦賀も、北陸新幹線の延伸で大きく変わるのだろうか。

東京からの観光客が訪れやすくなれば、氣比神宮や気比の松原も賑わうことになりそうだ。赤レンガ倉庫や敦賀鉄道資料館をはじめとする港エリアも観光スポットとしての魅力は充分だ。新たな敦賀駅は、大阪・京都からやってくる「サンダーバード」などの特急列車のホームが新設されて、新幹線との乗り継ぎが便利になるという。そして、確実に約束されていることは、新幹線の延伸によって敦賀駅の〝境界駅〟としての性質が変わるということだ。これまでの直流電化・交流電化の境界から、ＪＲ西日本の北陸本線と並行在来線第三セクター・ハピラインふくいとの境界駅になる。敦賀駅が北陸本線の終着駅になる日が、近づいているのだ。

和倉温泉

能登半島観光の一大拠点は、鉄路の明暗を分かつ

Wakuraonsen

電化 ⟵ ⟶ 非電化

DATA

境界駅のカテゴリ 電化・非電化境界

所在地 石川県七尾市

所属路線 七尾線／のと鉄道七尾線

開業年月日 1925(大正14)年12月15日

ホーム 2面2線

❶石崎漁港。中世から能越地方一帯では特別な存在の港町だった。いまの石崎も、純粋な漁業町の面影をとどめている
❷石崎の町並み。能登半島を南北に貫く内浦街道は、この石崎の中心部を通っており、和倉温泉はスルーしていた
❸地元出身の大横綱・輪島の記念碑が石崎近くに建つ。能登半島先端の輪島にちなむ四股名……ではなく本名で、史上初めて誕生した“本名の横綱”だという
❹駅前の大通りをまっすぐ進み、能登島大橋方面と分かれる交差点。このあたりから温泉街の雰囲気が醸し出されてくる
❺大型旅館が中心の和倉温泉街は、たくさんの人で町が賑わっていることはない。ただ、道沿いには土産物店や飲食店なども
❻海沿いの旅館に対し、少し内陸に入るとスナックなどの集まるゾーンも。いかにも温泉街らしい“歓楽街”だ

温泉のない温泉駅から石崎の港町へ

能登半島に向かう列車に乗っていると、なんとなく寂しい気持ちになってくる。日本海側の町はスカッと晴れることが少なく、曇り空がそうした気分にさせるのか。はたまた、海に突き出た能登半島の形が、最果てへの旅を想像させるのか。

特急「能登かがり火」は、金沢駅を出てからしばらくは半島の西側の海沿いを走る。海沿いといっても、海と線路の間には砂丘が続いているから、海が見えることはない。そうしてだいたい30分くらい経つと、最初の停車駅である羽咋駅。松本清張『ゼロの焦点』にも登場した北陸鉄道能登線は、この羽咋駅で分かれていた。

羽咋駅を過ぎると、邑知潟地溝帯《おうちがたちこうたい》と呼ばれる平地部を東に走って半島を横断、七尾駅に着く。七尾は古代には能登国分寺も置かれた能登の中心都市だ。前田利家は織田信長に能登一国を与えられ、はじめは七尾城に入った。のちに加賀・金沢に移って加賀藩につながるから、七尾は加賀百万石の原点といっていい。

そして、七尾からひと駅で、終点の和倉温泉駅である。金沢駅からはだいたい1時間くらい。駅の名前からそのまま、和倉温泉の玄関口という役割を担う〝終着の駅〟だ。特急列車でやってくることができる能登半島の最深部は、少なくとも現時点では和倉温泉駅ということになる。

とはいえ、線路自体はまだまだ先まで延びている。のと鉄道七尾線が、七尾湾の北の端の穴水駅まで続く。和倉温泉駅は、JR七尾線とのと鉄道七尾線の〝境界駅〟というわけだ。ただし、このあたりの境界を巡る事情はいささか複雑である。だから、考えるのを少し後回しにして、まずは和倉温泉駅から町に出て、歩くことからはじめよう。

「和倉温泉駅」などと名乗っているから、駅前に温泉街が広がっているんじゃないかと思う人もいるかも知れない。何の予備知識もなければ、そう思うのがむしろ自然である。

しかし、現実は無知な旅人には優しくないもので、和倉温泉駅前には温泉どころかコンビニの類いすらも何もない。この駅にはじめてやってきて抱いた感想は、「無」。ちょっとした飲食店や金融機関、スーパーマーケットやドラッグストアなどもあるにはあるのだが、「無」。温泉の玄関口というイメージを裏切られた分も含まれていそうだが、とにかく和倉温泉駅はその名に反して駅前にはほとんど何も持っていない。

駅前には「ようこそ」みたいなことが書かれた（薄れていてよく読めない）歓迎の柱が建っていて、その脇には高級旅館「加賀屋」の名が書かれた送迎バスが待っている。ほかの旅館・ホテルも駅まで送迎バスを出している。路線バスも出ているが、どちらかというと送迎バスを使うのが一般的になっているようだ。

ただ、あいにく加賀屋の予約をしているわけでもないので、送迎バスは使えない。しかたがないので、和倉温泉の温泉街まで歩くことにした。

駅から温泉街までは、駅前の目抜き通りを道なりに歩いてゆけばいい。だいたい30分ほどかかるが、歩けない距離でもないだろう。駅前から少し歩くと、イソライト工業の七尾工場が広がっている。昭和の初め頃から進出した工場で、珪藻土を用いて耐火煉瓦などを製造してきたという。

工場の前を通ってそのまま温泉街を目指してもいいのだが、ちょっと寄り道したくなるのが人の常。せっかくなので、工場の脇を抜けて、和倉温泉駅を玄関口としているもうひとつの町を目指すことにした。

その町は、石崎という港町だ。和倉温泉駅の住所は石川県七尾市石崎町だから、温泉街よりも港町・石崎から先に回るほうが、正統な気がしなくもない。

石崎までは、駅から東に歩いて15分ほど。小学校の脇を抜けて、まっすぐ進むと七尾南湾が待ち受けている。

石崎は、まったく純粋な漁港の町といっていい。海沿いにはいくつもの漁船が係留されていて、水産加工の建物も多い。かつて、七尾から蛸島までを結んでいた内浦街道も石崎を経由していた。旧街道沿いには木造平屋の大きな邸宅が並んでいて、いかにも昔ながらの漁師町。泣く子も黙る観光地の和倉温泉とはまったく違っている。

七尾という町の後背地にあたる石崎は、中世に能登国守護の畠山氏から能越一円の漁業権を免許された伝承もあるほど、由緒ある港町だ。江戸時代には北は珠洲、東は越中の東岩瀬まで入漁できる権利を持ち、他村では禁じられていた「てんこ網」という漁法も許されていたという。男は浦ゆき、女は里ゆき、というのは当時の石崎の人々のことを指した言葉。男たちは漁に出てよその港に泊まり、女たちは魚を担いで町まで行商に出たのだとか。

そんな港町だけに、毎年8月はじめに行われる石崎奉燈祭はたいそうな活気だという。いわゆる〝能登のキリコ祭り〟のひとつで、豊漁を願うお祭りがはじまりだった。

能登半島の鉄道の明暗を分けた和倉温泉

石崎から和倉温泉までは、能登香島中学校（校門の脇には大横綱・輪島の記念碑がある）を通って北西へ。大通りが東西南北に交わる交差点を東にゆけば、能登島大橋を渡って能登島に通じる。まっすぐ北へ進めばホテルがちらほらと見えてきて、いよいよ和倉温泉街だ。

和倉湾に面して加賀屋をはじめとする温泉旅館が建ち並び、遊覧船や釣り船が停泊している港の先は能登島が目の前に。内海らしく海は穏やかで、足下を覗けば魚が泳いでいるのも見える。海の向こうの西に目をやれば、中島などの中能登丘陵の山並みもくっきりと見える。風車がくるくる回っているのは、きっと風力発電だろう。リアス式海岸の七尾湾沿いは、風力発電に適した場所なのだろう。

加賀屋の足下には、弁天崎源泉公園という公園があり、さらにその少し西側には湯元の広場。さらにそこから山の方にゆけば、スナックの入った雑居ビルがあって、和倉温泉が歓楽街温泉の顔を見せていた時代の面影をしのばせる。

町中にある「総湯」は地元の人たちも（というか彼らがメイン）足繁く通う日帰り湯。温泉卵を売っていたが、これは源泉の温度が90℃を超える和倉温泉ならではの名物だ。塩分が効いて、保温効果に優れていそうな温泉に浸かっ

❶左端に見えるのが「加賀屋」本館。七尾湾に面していくつもの大型旅館が並んでおり、和倉温泉ならではの光景を形成している
❷和倉温泉の開湯伝説にちなんで、白鷺の像が置かれている「湯元の広場」。手前は夜になると輝くガス灯だ。なお、特急「しらさぎ」は和倉温泉ではなく加賀温泉にちなむ
❸和倉港から七尾湾を見る。遠く能登半島の丘陵上には風力発電所
❹弁天崎源泉公園には、「涌浦」と呼ばれていた時代に開発に貢献した7人の表敬碑。温泉地として知られ始めたころの涌浦には、7軒しか住宅がなかったという

て、疲れを癒やす。石崎に寄り道をしたので1時間以上は歩いている。歩き疲れた足に、温泉ほどありがたいものはない……。

和倉温泉はいまから1200年ほど昔、平安時代初期の大同年間に発見されたという。中世には地殻変動で海中に沈んで利用することができなくなったが、戦国時代に石で囲んで湯島を設け、船で通う温泉になったという。前田利長が腫れ物の治療のために使ったとか、そういう言い伝えも残る。この頃は、和倉ではなく〝湧浦〟と呼ばれていた。「和倉」に改められたのは、江戸時代前半、加賀藩の命によるものだ。

もともとは半農半漁で住んでいる人も少なかったが、温泉のおかげで江戸時代中ごろからは繁昌しはじめる。幕末には京都の公家や大坂の豪商なども足を運ぶほど、広く知れ渡っていた。明治に入っても勢いは衰えず、明治末には七尾の市街地と和倉温泉を結ぶバスが運行を開始。そして、1925(大正14)年にはついに鉄道がやってきた。七尾線和倉温泉駅(当時は和倉駅)の開業である。

以後、和倉温泉はますます活況を呈するようになる。とりわけ戦後の発展はめざましく、昭和20年代には4〜5万人程度だった宿泊客が1970(昭和45)年には50万人ほどにまで急増した。この年の和倉温泉一帯の人口は2000人ほどだから、いかにどれだけの観光客がやってきていたのか。大型の旅館が海沿いに建ち並び、いまに続く温泉街が形成されたのもこの頃のことである。

1982(昭和57)年には、能登島と連絡する能登島大橋が開通し、さらに能登島にのとじま水族館がオープンするなど、温泉に留まらず一帯の観光開発も進んできた。かくして、和倉温泉はただの温泉地というよりは、能登観光の拠点としての地位を確かなものにしたのである。

しかし、いっぽうで鉄道は不遇であった。

能登半島の鉄道の中核は、七尾線である。いまの七尾線は、津幡〜和倉温泉間59・5㎞だが、かつては能登半島北部の輪島まで線路を延ばしていた。最初は終着駅として和倉温泉駅が開業した3年後には、七尾線が能登中島駅まで延伸して途中駅になっている。

さらに、七尾線の穴水駅からは能登半島北東部の海沿いを走る能登線も開業する。戦後建設された路線で、１９６４（昭和39）年までに完成したローカル線だ。

しかし、能登線が開業した頃にはすでに鉄道は斜陽の時代に入っていた。ローカル線は特に深刻で、国鉄末期にいたって不採算路線として能登線が廃止対象になってしまう。結局、能登線は１９８８（昭和63）年に第三セクター・のと鉄道に転換され、２００５（平成17）年には完全に廃止、地図から消えることになる。

肝心要の七尾線も、無風ではいられなかった。そのカギとなったのが、和倉温泉だ。

能登観光の拠点にして、全国屈指の知名度を誇る和倉温泉。そこへの輸送は、いくら鉄道の利用者が減っている地方であっても捨てがたい。ただ、国鉄時代の七尾線は一貫して非電化路線。和倉温泉への輸送力を強化しようとしてもできない状況が続いていた。

そこで、１９９１（平成３）年に七尾線の津幡～和倉温泉間が電化され、当時の特急「スーパー雷鳥」「しらさぎ」の乗り入れがはじまったのである。現在も、「サンダーバード」「能登かがり火」が七尾線に乗り入れている。

しかし、電化されず非電化のまま取り残された和倉温泉～輪島間は、すっかりまるごとのと鉄道に移管されてしまう。あげく、２００１（平成13）年には穴水～輪島間が廃止となった。こうした明暗を分けた〝境界〟が、和倉温泉駅だったというわけだ。

ちなみに、のと鉄道のディーゼルカーは、和倉温泉駅ではなく七尾駅を起点としている。そして、普通列車で七尾～和倉温泉間を走るのはのと鉄道の列車のみ。いっぽうで、特急列車だけは七尾以南から和倉温泉駅まで直通する。このあたり、ちょっと複雑ではあるのだが、七尾という能登半島の中心都市をターミナルにすることで地域輸送の利便性を確保しようという、のと鉄道への配慮が背景にあるのだろう。

いずれにしても和倉温泉駅という温泉駅は、能登半島の鉄道の歴史を象徴するターミナルなのである。

上飯田

名古屋市の北に生まれた〃新しい〃境界駅

Kamiiida

名古屋鉄道 ⟷ 名古屋市交通局

DATA

境界駅のカテゴリ 会社間境界
所在地 愛知県名古屋市
所属路線 名古屋市営地下鉄上飯田線／名鉄小牧線
開業年月日 1931（昭和6）年2月11日
ホーム 1面2線

❶こちらが平安通（御成通線）。平安通駅近くから上飯田駅方面を望む
❷平安通駅は1971（昭和46）年に開業。同年には上飯田駅で接続していた路面電車も姿を消している
❸イオンスタイル上飯田は、1970年代までは大東紡の工場だった。他にも周辺には工場が多く、戦前期には北陸出身の女性が多く働いていたという
❹平安通（御成通線）沿いには飲食店やスナックなども。徒歩連絡時代には、帰宅途中の通勤者が立ち寄ったのだろうか
❺上飯田駅近くには巨大な団地群も。工場跡地を再開発し、1970年代以降に誕生したものだ

わずか0・8㎞、日本最短地下鉄の境界駅

ひと昔前、青春18きっぷシーズンにまだ「ムーンライトながら」が運転されていた頃、〝大垣ダッシュ〟などという言葉があった。大垣駅で終点を迎えた「ムーンライトながら」から、米原方面への列車に乗り継ぐために、18きっぷを握りしめて駅の構内を走ったのだとか。大垣～米原間は4両編成だから、「ムーンライトながら」のお客がすべて座れるわけではない。なので、必死に走って座ろうとしたのだ。

まあ、現実的にはあまり褒められた話ではない。早朝とはいえ一般のお客もいる中で、駅構内を走るなど、どう控えめに言ったところで危険極まりない。などとケチをつけたところで、「ムーンライトながら」亡きいまとなってはどうでもいいお話なんですが。

さて、そんな大垣ダッシュさながらの、乗り換えのための全力疾走が日々繰り広げられていた駅がある。大垣ダッシュと違うのは、ほぼ毎日、朝の通勤時間帯に見られたこと。そして、ランナーたちは駅構内ではなく、駅と駅の間の約1㎞、公道を走っていたこと。中には自転車を使ってランナーを追い抜くずる賢い人たちもいたという。

人呼んで、上飯田マラソン。いや、本当にそう呼ばれていたどうかはわかりませんが、彼らはいったいどうして駅と駅の間を1㎞近くも走らねばならなかったか。歩いたり走ったりすればなかなかしんどい1㎞も、鉄道ならばたったの1㎞。しかし、その1㎞の線路が繋がっていなかったからだ。

名古屋鉄道小牧線。1931（昭和6）年2月11日上飯田～新小牧（現・小牧）間で開業したこの路線は、同年4月29日に犬山駅まで延伸して現在の形が完成した。当初は名岐鉄道城北線といい、全通後に大曽根線と改称した。この名は、上飯田からさらに南進して大曽根方面まで乗り入れる計画を持っていたからだ。名岐鉄道は1935（昭和10）年に愛知電気鉄道と合併し、名古屋鉄道のネットワークに組み込まれた。そして1948（昭和23）年に小牧線

に改称し、いまに至っている。

つまり、マラソンの舞台になっていた上飯田駅は、名鉄小牧線の起点、ターミナルというわけだ。それはマラソンがなくなったいまでも変わっていない。変わったのは、上飯田駅からマラソンコースに合わせて約1㎞南に線路を延ばし、名古屋市営地下鉄名城線平安通駅まで接続したことだ。２００３（平成15）年3月27日に平安通駅まで延伸する上飯田連絡線が完成し、地下鉄上飯田線が開業。小牧線と上飯田線の相互直通運転を行うようになり、わざわざ地上を歩いて上飯田駅と平安通駅を乗り継ぐ必要がなくなったのだ。そして、上飯田駅は名鉄小牧線のターミナルから、地下鉄と名鉄の境界駅になった。

地下鉄上飯田線は、平安通～上飯田間わずか０・８㎞という、事実上の小牧線延伸区間にといったほうが正しいくらいの短い路線だ。

では、境界駅の上飯田駅とは、どんな駅なのだろうか。

せっかくなので、平安通駅から上飯田駅に向けて、地上を歩くことにした。

名城線平安通駅は名古屋市北区にあり、東には大曽根のターミナル、西には名城公園がある名古屋市北部の住宅地の中の駅だ。地上に出ると、ちょうど環状線と平安通（名古屋市道御成線）の交差点。上飯田駅に向けては、平安通を北に歩いて行けばよい。名古屋市北部を南北に貫く4車線の大通りだけに、クルマ通りも人通りも多い。

道沿いにはコンビニや飲食店がポツポツと。少し裏に入れば住宅地の趣が強くなり、小学校などもある。ところどころには中小の事業所が入った雑居ビルが建ち、住宅と商店、オフィスが入り交じっているあたりはいかにも大都市近郊らしい風景だ。さらに、平安通から東西に離れれば、大きな団地が建ち並んでいる一角も。町を歩く人よりもクルマ通りのほうが多い印象なのは、名古屋市が日本有数のクルマ社会だからだろうか。

そんな平安通を歩いてゆくと、団地群の傍らに見えてくるのがイオンスタイル上飯田。その少し先にある、名鉄上飯田ビルが〝境界駅〟上飯田駅のターミナルビルである。

かつて、地上を走っていた時代の名鉄小牧線は、この名鉄上飯田ビルの2階部分に端部を突っ込むように乗り入れていた。改札口もビルの2階にあり、いまもその当時の面影が残る。地下に潜ったのがほんの20年ほど前のことで、ビルそのものが残っているのだからとうぜんのことだ。3階より上には公団住宅になっていて、1階にはスーパーマーケットのＭｉｋａｗａｙａが入っている。

小牧線沿線の人の流れを大きく変えた

名鉄上飯田ビルの少し南側には、上飯田ターミナルビルという、これまた古めかしい市営住宅が上層階を占めているビルがある。このビルは、その名の通り上飯田のバスターミナルを取り囲むように建っている。地下に潜った上飯田駅は、名鉄上飯田ビルから上飯田ターミナルビルの前にかけて延びていて、出入口はターミナルビル側にも設けられている。上飯田駅で降りて路線バスに乗り継ごうという人の利便性を確保するためなのだろう。

このふたつのビルは、上飯田駅が境界駅ではなくターミナルだった時代の名残というべきものなのだろうか。実際、それぞれ上層部にある公団・市営住宅は、いずれもかなり年季が入った趣を見せている。きっと、昭和の中ごろ、上飯田駅がターミナルとして存在感を見せていた時代にできたものに違いない。周囲の住宅やマンションなどと比べるといささか異質なふたつのビルが、上飯田駅のターミナルとしての歴史を教えてくれる。

２００３（平成15）年に上飯田駅が境界駅になってから、平安通駅まで歩いて乗り継ぐ必要はなくなった。では、それ以前の上飯田駅どのような歴史を辿ってきたのだろうか。

上飯田駅は１９３１（昭和６）年に開業した。その時点では、完全に独立したターミナル。接続する他の路線は存在していなかった。そこにはじめてやってきたのが、名古屋市電の路面電車だ。１９４４（昭和19）年に名古屋市電御成通線が開業したのだ。大曽根と結ぶ路線であり、小牧線の延伸構想が形を変えて実現したわけだ。

❶庄内川と矢田川に挟まれた中洲上には、かつて瀬古駅が置かれていた。廃止になったのは1942年。このすぐ左側には堀川が流れている
❷味鋺駅近く、庄内川北部の小牧線廃線跡。ちょうどこの直下を現在の上飯田連絡線、名鉄小牧線が通っている
❸築堤によって一段高いところを通っていた地上時代の小牧線。上飯田駅と味鋺駅の間で二つの大河川を渡るための構造だ
❹地上時代の上飯田駅はこのあたり。奥に見える名鉄上飯田ビルの2階部分は埋められてしまったが、改札口などはあのあたりに置かれていた
❺名鉄上飯田ビルの正面脇に、地下駅となった上飯田駅の1番出入口。駅ビル1階にはスーパーマーケットが入る

それからは長らくそのままの、上飯田駅で小牧線と名古屋市電が接続する状態が続く。当時の小牧線は地上を走っており、上飯田駅から味鋺《あじま》駅までの間には、矢田川・庄内川を渡る橋梁もあった。さすがに地下に潜ってから橋梁は姿を消してレールも剥がされているが、そのほかの地上区間の廃線跡はほぼ完全な形で残っている。味鋺駅から庄内川橋梁までの築堤、庄内川と矢田川の間の中洲を通る築堤、また地上駅時代の上飯田駅跡は、駐車場に生まれ変わってはいるものの、南北に細長くいかにも廃線跡らしい形状を残している。

そうして上飯田駅までやってきたお客は、そのまま路面電車に乗り継いで名古屋市の中心部を目指していた。しかし、1971（昭和46）年に名古屋市電が廃止されてしまった。名古屋はいちはやくモータリゼーションが進んだ都市のひとつで、いまも昔も圧倒的なクルマ社会。だから、路面電車が廃止されるのは無理もない流れだった。変わるように地下鉄の整備も進んでいった。しかし、上飯田駅だけは取り残されてしまったのだ。

その結果、小牧線はお客を減らしてゆくことになる。時代が時代だけに沿線の宅地化は進んでいったし、もとより小牧線沿線は工場などの事業所も多いエリア。しかし、名古屋市の中心部との連絡にはきまって上飯田駅からの徒歩連絡が必要になってしまったのだ。そのため、沿線の人々はクルマを使って通勤するようになり、鉄道離れに拍車をかける形になった。

そうした不便さが如実に現れたのが、1980（昭和55）年に入居を開始した、小牧市内の桃花台《とうかだい》ニュータウンだ。起伏に富んだ郊外の丘陵地に設けられた桃花台ニュータウンは、多摩ニュータウンや千里ニュータウンと似たような環境にあった。交通の便に恵まれていないのも同じことで、その改善のために桃花台では新交通システムが導入される。1991（平成3）年に桃花台新交通桃花台線（ピーチライナー）が開業した。小牧～桃花台間を結んでおり、小牧駅からは名鉄小牧線で都心まで通勤、という狙いであった。

しかし、これが開業してからもまったく利用状況が奮わない。最大の原因は桃花台ニュータウンの入居者が思ったよりも伸びなかったことにあるが、それもまた交通の不便さと表裏一体。ニュータウンから名古屋市内に通勤・通学する人のうち、約60％がＪＲ春日井駅を、25％がＪＲ高蔵寺駅を使ったという。ピーチライナーの利用者は、わずか15％に留まっていたのだ。

ピーチライナーが不評だった最大の原因が、上飯田駅だった。小牧線が上飯田駅で途切れ、平安通駅まで歩くか、バスに乗り換える。その手間を負うくらいなら、バスかマイカー送迎で春日井・高蔵寺駅を使ったほうがよほどマシ。そう判断した人が多かったのだろう。

つまり、市電が廃止されて上飯田駅で線路が途切れたことの影響は、小牧線そのものだけでなく、沿線のニュータウン開発にも大きな影響を及ぼしたのだ。

こうした状況をそのまま放置するわけにもいかず、上飯田駅と平安通駅を連絡する上飯田連絡線の構想が形になった。上飯田連絡線には、愛知県や名古屋市、名鉄に加えて小牧市・春日井市・犬山市も出資している。これは、まさしく上飯田連絡線の開業が小牧線沿線全体に大きなメリットをもたらすものだったからに他ならない。

２００３（平成15）年に上飯田連絡線が完成すると、ピーチライナーの状況も一変する。定期券の値下げなども相まって、利用者数は約１・４倍にまで増えた。それでも単年度黒字にまではほど遠く、２００６（平成18）年に廃止されてしまう。上飯田線、時すでに遅しといったところか。ただ、結果として上飯田〜平安通間の線路が途切れていることがどれだけマイナスの影響を及ぼしていたのかを証明してしまったのは皮肉なものである。

ピーチライナーはともかく、小牧線そのものも上飯田線開業によってお客を１・５倍ほどに増やした。その反面、上飯田と平安通の間を歩いて乗り継ぐ人はいなくなり、もしかしたらその道筋にあった飲食店などは潰れてしまったのかもしれない。上飯田駅のお客の数は、連絡線開業によって半分以下に減っている。

いまや、わざわざこうして境界駅であることに注目しない限りは、上飯田駅の存在が意識されることはほとんどなくなっているといっていい。それは、利便性向上の裏返し。いまも昔も、上飯田駅の周りの町は、変わることなく時を刻んでいる。

塩尻

Shiojiri

中央本線の東西境界か、それとも松本への道か

JR東海 ⟷ JR東日本

DATA

境界駅のカテゴリ 会社間境界
所在地 長野県塩尻市
所属路線 中央本線／篠ノ井線
開業年月日 1902(明治35)年12月15日
ホーム 3面6線

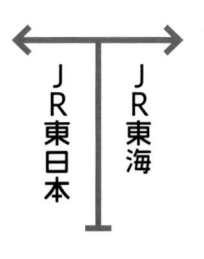

❶街路樹が鮮やかな塩尻駅東口の目抜き通り。この先に塩尻市役所などがある
❷活気溢れる……とはいわないが、少なくともいまもそれなりの規模を持つ塩尻の大門商店街。ハロウィンイベントの舞台にもなる
❸塩尻市役所付近から南に向かう通りを望む。飲食店なども目立ち、こちらのほうが“駅前”らしい町並みだ
❹旧塩尻駅舎前のロータリー。この木や時計塔は、ここに駅舎があった時代から残っているものなのだろうか
❺旧塩尻駅舎はこのあたりにあった。駅舎跡地はフェンスの向こう、JR東日本の敷地内
❻旧中山道。塩尻から西は中央西線に沿って木曽の山中へと分け入ってゆく

ハロウィンイベントと駅のない駅前商店街

いつの頃からか、ハロウィンはすっかり日本でも定番のイベントになった。

ぼくが子どもの頃（つまり30年以上前ってことです）は、ハロウィンなんてなかったような気がする。少なくとも、クリスマスやバレンタインほどは、知られていなかったはずだ。節分の恵方巻きなんかもいつの間にやら全国に定着した季節のイベントのひとつだ。

よくよく考えてみると、夏の音楽フェスはやたらとあちこちでやっているし、そもそも昔っから日本中どの町に行っても夏祭り。結局、日本人はみんなで盛り上がるイベントが大好きなのだろう。日本人はなんとなく欧米人と比べて陰キャぶっている節があるが、根っこは超のつく陽キャな国民性なのかもしれない。オリンピックなんて興味ないよ、と言いながらちゃっかりテレビで応援しちゃったりするのも、同じような国民性に起因しているのだろうか。

と、まったく塩尻という信州の小さな町とは関係なさそうなことを書いてしまった。が、実は関係は大ありなのだ。というのも、塩尻の中心市街地では、国内有数のハロウィンイベントが行われているのである。２０００人もの市民が仮装をして商店街を練り歩き、お店の前では「トリックオアトリート」。「ハッピーハロウィン」の声とともにお菓子をプレゼント。乱痴気騒ぎの渋谷のアレとは違って、まさに正統なハロウィンだ。

このエピソードに、「ああ、都会のハロウィンに憧れちゃったのかな？」なんてことを思った人は、反省してほしい。塩尻のハロウィン・イベント、はじまったのはなんと１９９７（平成9）年だ。国際交流員として滞在していたアメリカ人によってはじめられ、商店街や市の協力で四半世紀も続いている。渋谷のアレとはまったく年季が違う。お年寄りから子どもまで誰もが安心して楽しめる、〝地域のお祭り〟色のあるハロウィンなのである。

この塩尻のハロウィンが行われている中心市街地は、大門という。住居表示としては大門一番町・大門二番町……

と細分化されるが、総じて塩尻の中心市街地＝大門と理解して差し支えない。ターミナルにして中央東線・中央西線の〝境界駅〟である塩尻駅があるのも、塩尻市大門八番町である。

塩尻の駅を降りて、大きな駅前広場のある東口に出る。そのまま駅前の目抜き通りをまっすぐ東に歩くと、5分くらいで塩尻市役所が見えてくる。市役所の敷地内にはなぜかD51蒸気機関車が置いてあり、裏手には塩尻市の文化会館。おお、ここが塩尻の中心か……。

と思っても、あんがい町が寂しい。言葉を選ばなければ寂れている。どんな地方都市でも、いくらか商店街のようなものはあるはずだ。ところが、塩尻駅前の目抜き通りを市役所まで歩いても、レンタカー屋があるくらいで他にはほとんど何もない。こんなところでハロウィンイベント、するんでしょうか……。

そう思いつつ、市役所前から進路を南にとって進んで行った。すると、少しずつ雰囲気が変わってくる。飲食店の類いがちらほらと見えてきて、しばらくいったところでぶつかる通り沿いは、いかにも駅前商店街の風情だ。さすがに地方都市、人通りが絶えない賑やかな商店街とはいかない。それでも、地場の個人店がいくつも並んでいて、その合間にはチェーン店もあって、金融機関やホテルなどがあるあたりは、いかにも中心市街地の核を成す商店街だ。

が、疑問は絶えない。この商店街は、塩尻駅から少し離れた場所にある。商店街が駅から離れているのは別に何の不思議もない。ないが、塩尻の場合はちょっと違和感がある。どことなく、駅前商店街らしい空気感があるのだ。駅前のロータリーからまっすぐ延びる道、そこから左右に羽を広げるように商店街、といった具合に、駅がないのに駅を中心とした商店街、といった雰囲気を持っている。

実は、塩尻駅は移転を経験している。抱いた違和感の通り、かつて商店街は駅の目の前にあった。いまも、旧塩尻駅舎があったであろう場所の目の前には、ロータリーの中央島らしき植え込みが残っている。すぐ脇にいくつか旅館やホテルがあるのは、いわゆる〝駅前旅館〟だろう。駅が移転してしまって駅前でもなんでもなくなってしまったが、昔の面影は商店街とともに明瞭に残っている。

中央本線ではなく〝篠ノ井線の〟塩尻駅

塩尻駅が、現在の場所に移転したのは１９８２（昭和57）年のことだ。いまの駅舎よりも南東側、中央東線側の線路に沿って設けられていた。それが、北側に移転したことで、東線と西線はスイッチバック構造に改められた。すなわち、中央本線という、東京～名古屋間を山の中を走って結ぶ大動脈は、途中でスイッチバックを挟むことになった。事実上、分離されてしまったといっていい。

塩尻駅移転後も、スイッチバックをせずに東線と西線を直通運転できるように両者を直接結ぶ連絡線が設けられた。ときどき団体臨時列車が運転されたり、東海道本線が不通になった際の貨物列車の迂回運転などで使われている。ただ、いずれも極めてレアなケースであり、あってもなくてもどちらでも……といったものに過ぎない。

そもそも、駅移転以前から、東線と西線を直通する列車は少数派。むしろ、東線からも西線からも、中央本線は篠ノ井線に乗り入れて松本方面まで直通する列車がほとんどだった。だから、塩尻駅はなるべくしてスイッチバック構造になった駅なのである。

このあたりをもう少し掘り下げてみよう。

松本平（松本盆地）の南端、桔梗ヶ原と呼ばれる扇状地に位置する塩尻は、縄文・弥生の遺跡が見つかっているほど歴史の古い地域だ。江戸時代初めに中山道の宿場町が置かれ、松本・諏訪・伊那・木曽各方面への分岐点として要衝の地になった。それ以前の中山道は南側の牛首峠を通っていたが、塩尻峠経由に改めたことで生まれた新しい宿場町であった。

ただし、塩尻宿の場所は、いまの塩尻駅周辺（大門）とは少し離れている。「塩尻町」という名の町が塩尻駅の東側、国道１５３号沿いにあるが、そちらがかつての宿場町。明治に入っても、鉄道開業以前は旧宿場町が塩尻の中心

❶塩尻駅に向かう中央西線。木曽路を登ってやってきて、塩尻からは篠ノ井線に直通する列車も多い
❷塩尻駅構内の三角線区間を見る。右手には駅を経由せずに中央東線と西線を連絡する短絡線がある
❸塩尻駅南側にはレゾナック（旧昭和電工）の工場が。戦時中以降、塩尻には多くの工場が進出して内陸工業地帯となった
❹塩尻駅前のバスのりばやベンチの上にはブドウ棚。ただの飾りではなく、収穫後は実際にワインに加工される
❺ホームにもブドウ。ブドウといったら山梨のイメージが強いが、鉄道とブドウがこれほど強く結びついているのは塩尻駅だけだ

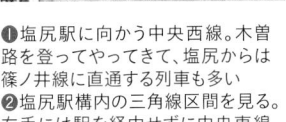

であり、学校や郵便局、戸長役場などの公共機関が置かれている。１８７８（明治11）年には遊郭も設置されているが、それも旧宿場の隣接地であった。

状況を変えたのは、鉄道だ。１９０２（明治35）年12月15日、塩尻駅が開業する。

塩尻駅は中央本線の駅というイメージが強いが、最初にこの駅にやってきたのは中央本線ではなく、いまの篠ノ井線。篠ノ井駅から線路を延ばし、松本〜塩尻間が開業したこのときに、篠ノ井線が完成している。そして、駅の場所は旧塩尻駅の位置。町の中心の旧宿場町に少しでも近づけようとした結果であろう。なお、線路は１９０６（明治39）年に岡谷駅まで、１９０９（明治42）年には奈良井駅まで延伸、東西それぞれに向けて線路を延ばしていった。中央本線が全線完成したのは、１９１１（明治44）年のことである。

こうした経緯からもわかるとおり、塩尻駅の本籍は中央本線ではなく篠ノ井線にあるといっていい。そして、のちに完成した中央本線も、東京と名古屋を甲州街道・中山道経由で結ぶ……といったものではなく、東京・名古屋それぞれから信州方面へのアクセスを確立するのが目的だったというほうが正しい。

だから、旧塩尻駅の場所は、不都合極まりなかった。東線から篠ノ井線に直通する場合は特に問題はないが、西線からだと大問題。多くの列車が松本平の中心・松本駅に向かうのに、スイッチバックを要していたからだ。

運転本数が少なく、蒸機が中心だった時代はまだそれでよかった。ただ、電化も進んで運転本数が増え、速達性も求められるようになると、スイッチバックがジャマになる。かくして、駅を移転させて、東西どちらからも松本方面に直通しやすい構造にした、というわけだ。中央東線と西線の連絡よりも、松本・長野方面への連絡を優先した結果が、駅前商店街をそのまま置き去りにして駅を移転した理由であった。

駅ができると、金融機関や学校などの公共機関はもとより、旅館や商店なども駅前に集中するようになり、あっという間に商店街が形成される。これが、いまの大門の商店街である。こうして、塩尻駅は旧塩尻宿から地域の中心という役割を奪うことになった。しかし、こうして生まれた駅前の市街地も、駅の移転によって、駅前からちょっと離れた駅前商店街になってしまったのである。

塩尻は、戦後になって松本諏訪地区新産業都市の指定区域に入り、国道19号沿いを中心に多くの工場が誘致されて工業都市としての側面を強めていった。いまでもそれは変わらず、精密機械工業を中心に長野県の工業出荷額1位の座をキープしている。駅の南側に広がる工場は、旧昭和電工のレゾナック。その立地を見るに、かつては専用線が塩尻駅構内と繋がっていたのだろう。

レゾナックの工場の裏手の旧中山道を西に歩いてゆくと、江戸からはじまって中山道59番目の一里塚・平出一里塚が見えてくる。畑に囲まれた向こうには、古墳時代の平出遺跡。さらに南の山裾に向けては、ブドウ畑が広がっている。ブドウといえば甲州だが、信州は塩尻も負けてはいない。長野県内ではいちばんのブドウの産地であり、周辺にはアルプスや井筒ワイン、メルシャンなどのワインメーカーの工場も置かれている。

塩尻のブドウ作りは、明治に入ってからはじまった。桔梗ヶ原の台地上はもともと地下水位が極めて低く、水に恵まれない土地だった。そのため、江戸時代までは原野だったのだが、明治に入って開拓がスタート。最初は雑穀や薬草が主で、明治の終わり頃から乾地に強いブドウの栽培が本格化。同時にワインの醸造も始められたという。

塩尻駅に戻って、駅の周りを改めて見回してみると、駅前のバスのりばのベンチの屋根はブドウの木。さらに、駅前にはオブジェのごとくでっかいワインの樽が鎮座している。

そして極めつけは、塩尻駅のホームである。中央の3・4番のりばの奥（松本寄り）のホーム上には、なんとブドウ棚があるのだ。生産しているのはメルローとナイアガラ。主要産業であるブドウ生産とワインをアピールするため、1988（昭和63）年に設けられ、駅員さんやワイナリーの従業員、あとは子どもたちを含めた市民ボランティアによって管理されているという。メルローは、市内の醸造所でワインになっているのだとか。塩尻駅は、日本どころか世界的にも珍しい、〝ホームの上にブドウ畑がある駅〟だ。スイッチバックしないで通り過ぎるのもいいけれど、そんな楽しそうな駅ならば、ちょっと立ち寄ってみても、いいのかもしれない。

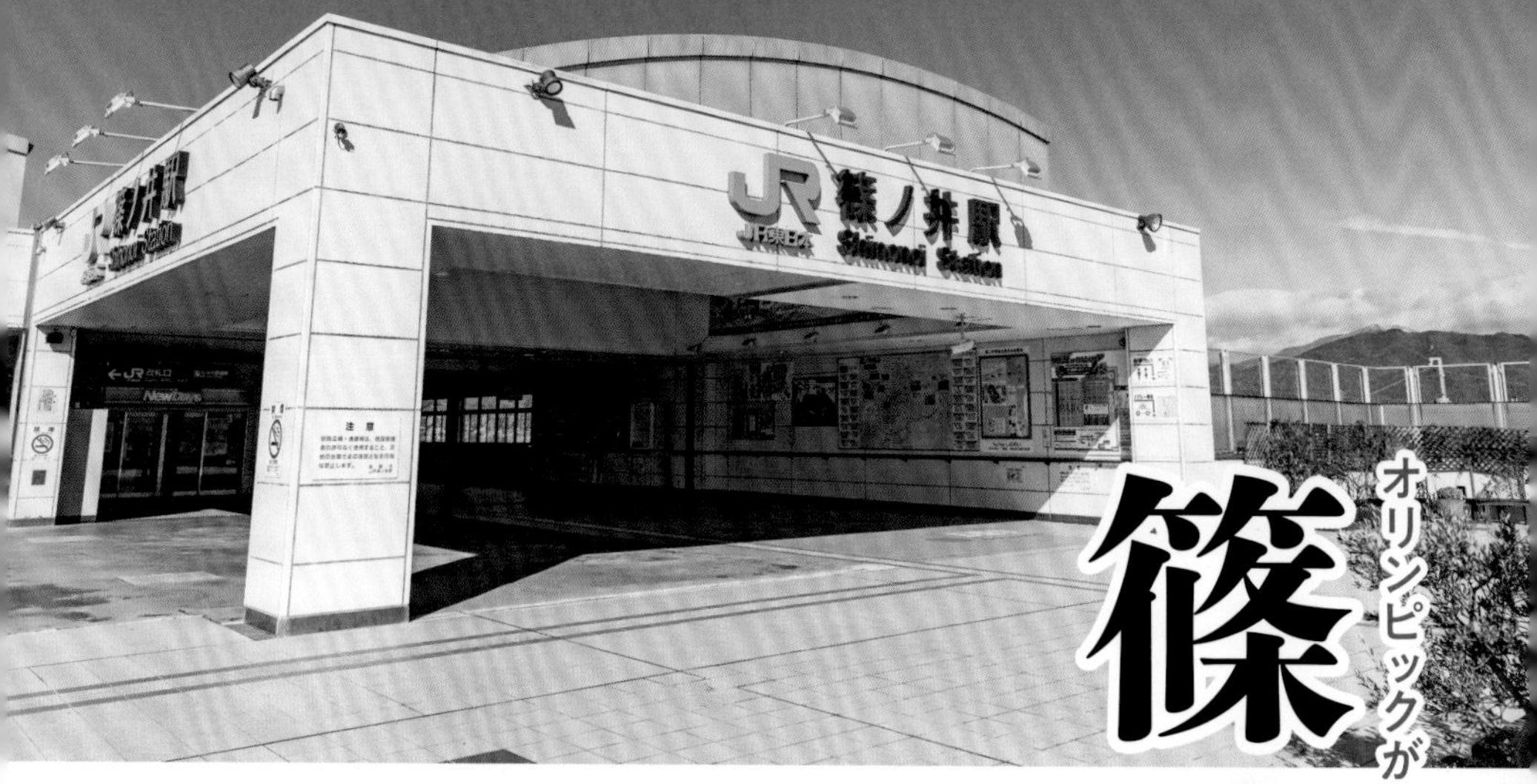

篠ノ井

オリンピックがもたらした三セクとの境界

Shinonoi

JR東日本 ⟷ しなの鉄道

DATA

境界駅のカテゴリ 会社間境界
所在地 長野県長野市
所属路線 信越本線／篠ノ井線／しなの鉄道線
開業年月日 1888(明治21)年8月15日
ホーム 2面3線

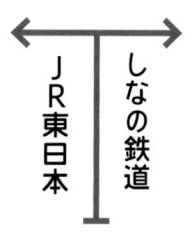

❶篠ノ井駅ペデストリアンデッキから東口の目抜き通りを見下ろす。篠ノ井駅は長野県内で第3位の利用者数を誇る
❷篠ノ井駅東口の広場には、長野オリンピックの開会式・閉会式会場になっていたことを示す碑。現在も長野オリンピックスタジアムとして健在だ
❸サッカー・J3のAC長野パルセイロの旗がはためく駅前通り。ホームスタジアムはオリンピックスタジアムに隣接する長野Uスタジアムだ
❹北国街道を継承する県道77号線。交通量も多く、地域の主要道路になっている。さらに東には篠ノ井バイパスも
❺旧北国街道の町並み。昔ながらの商店なども目立ち、このあたりが篠ノ井の賑わいの中心だったことをうかがわせる
❻駅南側の跨線橋から篠ノ井駅方面を見る。右手には堀割の中を駆け抜けてゆく北陸新幹線

第三セクターとＪＲの境界駅、ここに生まれる

篠ノ井駅の駅前で写真を撮っていると、地元のおじさんに話しかけられた。「もうみんな覚えてないでしょ」。何のことかと思えば、１９９８（平成10）年の長野オリンピックのことだ。篠ノ井駅の駅前には、長野オリンピック開催を記念した碑が置かれ、ペデストリアンデッキ上には三人の子どもが聖火トーチを支えるオブジェまで置かれている。もちろん、忘れてなんかいません。あの「ふなきぃ……」の長野オリンピックのことを。

で、篠ノ井が長野オリンピックにどう関係しているのかというと、スタジアムである。長野市の篠ノ井地区には競技会場こそ設けられなかったが、開会式と閉会式が行われた長野オリンピックスタジアム。それが、篠ノ井駅東口から駅前広場をずっと行ったところにあったのだ。だから、篠ノ井駅は事実上、長野オリンピックのメイン会場の玄関口だったといってもいいだろう。

長野オリンピックスタジアムは、オリンピック終了後に改築工事が行われ、２０００（平成12）年に野球場として生まれ変わった（正確には、もともと野球場を建設する予定で、それに先だってオリンピックの会場になった）。同年からプロ野球の公式戦も行われており、２００４（平成16）年にはオールスターゲーム第二戦の舞台にもなった。当時北海道日本ハムに所属していた新庄剛志がホームスチールを決め、ヒーローインタビューで「これからは、パ・リーグです！」と高らかに宣言したあの試合だ。

この年のプロ野球界は球界再編騒動で揉めていて、球団削減と一リーグ制が現実になりかけていた。そんな最中の新庄の発言が、ひとつの流れの変わり目になったことはまちがいない。篠ノ井の町は、単にオリンピックが開催されただけでなく、その後にはプロ野球界にも大きな影響を与えていたのである。

そして篠ノ井の駅も、オリンピックをきっかけに大きく変わることになった。

長野オリンピック開催前年、1997（平成9）年の秋、北陸新幹線（当時は長野行新幹線と呼んでいた）が開業する。それまで、新幹線は東海道・山陽新幹線と東北・上越新幹線しか存在しなかった。東海道・山陽は言わずもがな、1980年代に開業した東北・上越新幹線も、そもそものスタートはだいぶ昔のこと。1970（昭和45）年に公布された全国新幹線鉄道整備法に基づく整備新幹線としては、北陸新幹線が開業第一号である。

北陸新幹線開業前には、建設方式やルートを巡って紆余曲折があったが、ここではあまり関係がないので割愛する。重要なのは、整備新幹線の開業は並行在来線の経営分離が前提になっている、ということだ。そして、このルールのもとで開業したはじめての新幹線も、もちろん北陸新幹線である。

かくして、1997（平成9）年10月1日の北陸新幹線開業とともに、並行在来線の信越本線は分断された。碓氷峠を越える横川～軽井沢間は廃止され、軽井沢～篠ノ井間は第三セクターのしなの鉄道に移管された。篠ノ井線からの直通列車が多い篠ノ井～長野間はそのままJR東日本。つまり、篠ノ井駅は日本で初めての、並行在来線を転換した第三セクターとの境界駅、というわけだ。

第三セクターに転換されたところで、廃線になったわけではないから、さしたる問題はないといえばない。それまで走っていた特急列車が消滅するという問題もあるものの、その役割は新幹線に置き換わる。最近ではおよそ〝並行〟とは言い難い場所を走る整備新幹線も出てきているが、少なくとも北陸新幹線においてはあまり気にするほどのことはなかった。ほかにも運賃がどうしても高くなってしまったり、赤字になれば税金から穴埋めしなければならなかったり、問題もあるにはあるが、廃線になるよりはよほどいい。

それに、こと篠ノ井駅に限っていえば、篠ノ井～長野間は信越本線の一部であると同時に、篠ノ井線の一部という側面もある。篠ノ井～塩尻間を結ぶ篠ノ井線は、長野県における二大都市である長野市と松本市、善光寺平と松本平を結ぶ県内随一の大動脈だ。普通列車はもちろん、名古屋駅から松本を経て長野までやってくる特急「しなの」も篠ノ井～長野間に乗り入れている。だから、篠ノ井駅は篠ノ井線の事実上の途中駅でもある。その点から見れば、篠ノ井駅は純粋な境界駅とは少々違う特徴を持っている、ということもできそうだ。

いずれにしても、長野オリンピックという国民的、世界的イベントを契機に、篠ノ井駅はそのメイン会場の玄関口になると同時に、駅の性質そのものも大きく変化することになった。そういう意味で、篠ノ井駅と篠ノ井の町は、いまも長野オリンピックとともにある、というわけだ。

駅の周りに点在する古戦場が語るもの

篠ノ井駅の町を歩こう。

篠ノ井駅があるのは、善光寺平の南の端だ。町のすぐ南側には千曲川が流れている。上田盆地を経て南から流れてきた千曲川が、善光寺平に流れ出たところに篠ノ井駅がある。線路は南北に通っていて、信越本線・しなの鉄道に並行して北陸新幹線。駅の少し南側で篠ノ井線が南西に向かって分かれている。

町の中心は、駅の東側だ。新幹線開業に先立って、１９９５（平成７）年に現在の橋上駅になった。東口のペデストリアンデッキを降りると、まっすぐ東に延びる目抜き通り。道沿いは商店街になっていて、まっすぐ先には長野オリンピックスタジアム。篠ノ井の町のメインストリートといっていい。

サッカー・Ｊ３に所属するＡＣ長野パルセイロの旗がはためくメインストリートを少し東に進むと、旧北国街道と交差する。中山道の追分宿（しなの鉄道信濃追分駅近く）から、第三セクターを含む旧信越本線とほとんど完全に並行し、直江津までを結んだ街道だ。

いまでは少し東側に県道77号線が通り、さらに国道18号がもっと東側を通っている。そちらが善光寺平における北国街道の役割を継いでおり、旧北国街道は道筋の細い裏道だ。それでも一帯の抜け道になっているのか、交通量はそれなりに多い。道沿いにはいかにも歴史がありそうな商店がいくつかポツポツと。このあたり、古の街道筋らしい面

❶しなの鉄道(信越本線)と篠ノ井線の間には県営の篠ノ井団地がある
❷篠ノ井線沿いにはJR貨物塩尻機関区篠ノ井派出。古くからの交通の要所らしく、現代に至っても鉄道の町という側面を持つ
❸西口には「布施の戦いの地」。もともと篠ノ井付近は「布施」が正しい地名。篠ノ井は南西側の塩崎村付近の地名だった
❹ペデストリアンデッキに置かれているオブジェ。オリンピックのトーチを子どもたちが支えている
❺橋上化された篠ノ井駅の自由通路から北を望む。多くの側線があり、貨物輸送の拠点だった時代がしのばれる

影をのこしているといっていい。とはいえ、篠ノ井付近に宿場町があったわけでもないので、そこまで派手に賑わっていたわけではなさそうだ。

旧北国街道を少し南に向かって歩く。

すると、スーパーマーケットの西友が見えてくる。勝手な思い込みで、西友は東京の郊外を中心に展開しているとばかり思っていた。しかし、長野県にも意外に西友が多い。西友は昔は西武グループだったから、リゾート開発と関連して長野と縁が深いのかもしれない。

などと、答えの出ないことを考えながらさらに歩くと、長野市の篠ノ井支所。篠ノ井は、1959（昭和34）年に篠ノ井町と塩崎村が合併して篠ノ井市が発足し、さらにその7年後の1966（昭和41）年に周辺市町村と合併して長野市の一部になった。この支所は、かつての篠ノ井市、またそれより前の篠ノ井町時代の役場だったにちがいない。

篠ノ井支所の先を右に折れると、新幹線・しなの鉄道・篠ノ井線をまとめて跨ぐ跨線橋。しなの鉄道と篠ノ井線の間には、団地が広がっている。ちょうど跨線橋のてっぺんにあるバス停の名前は「昭和団地入口」。団地の名前は県営篠ノ井団地だが、昭和団地というのが通称にでもなっているのだろうか。

跨線橋から篠ノ井線の線路沿いを見ると、線路が扇形に広がっているエリアが見える。JR貨物の塩尻機関区篠ノ井派出だ。1973（昭和48）年に篠ノ井線と中央本線塩尻〜中津川間が電化した際に、新たに設けられた。つまり、裏を返せばその頃の篠ノ井駅の南西側は、広大な機関区を置くことができるほど土地に余裕があった。

実際に古い地図や航空写真を眺めると、篠ノ井駅の西側にはいまもそこにある篠ノ井西中学校くらいで、あまり都市化が進んでいなかったことがわかる。貨物の取り扱いもあった篠ノ井駅はかなり広大なスペースを擁しており、橋上化するまでは典型的な〝駅裏〟だった。いまも多くの側線が駅構内に設けられていて、機関区はここから篠ノ井線に沿って南西に続いている、というのが正しいのだろう。

橋上化とともに生まれた西口の駅前広場にやってきた。周辺はすっかり住宅地になっている。中央島には、「布施の戦いの地」と書かれた石碑がどーんと置かれていた。

篠ノ井は、古くからいくつもの戦いの舞台になってきた。「布施の戦い」は、上杉謙信と武田信玄が幾たびも激突した川中島の戦いの緒戦であった。さらに遡れば、源平合戦の先駆けとなった木曽義仲軍と平家軍による横田河原の戦い。南北朝時代には、北条氏の遺児・北条時行が鎌倉幕府再興を目指して挙兵した中先代の乱でも篠ノ井で戦いが行われている。室町時代中ごろ、信濃国守護の小笠原氏と国人たちが激突した大塔合戦もまた、篠ノ井駅付近がその戦場だ。

歴史的には江戸時代以降はあまり表舞台に登場することのない篠ノ井も、実は歴史を左右するだけの合戦が何度の繰り広げられてきた。

これは、必ずしも偶然とはいえない。横田河原の戦いや大塔合戦は、いずれも篠ノ井駅南東側が戦場になった。ちょうどそのあたりに千曲川の渡河点（雨宮の渡し）があり、広大な善光寺平の南端にあたる。この地理的条件は、篠ノ井一帯が戦略上の要衝だったことを意味する。南から攻め込む敵を迎え撃つなら平野部に出て千曲川を渡るところで待ち受けるのが戦いやすいし、逆もまたしかり。だから、たびたび篠ノ井が合戦の舞台になった。

戦略上の要衝ということは、交通の要衝にもなり得る。北国街道が通っていたのは先にも書いたが、松本からは北国西脇往還も通っていた。いまも、長野市内から見れば篠ノ井は松本に行くか上田に行くかの分岐点。東京の立場に立っても長野市内に入るには篠ノ井はどうしたって通らねばならない。

信越本線も篠ノ井線も、そして新幹線も篠ノ井を通る。それは、まったく偶然ではなく、地理的条件による必然なのだ。そして、そうした要衝の地であることが、たびたび篠ノ井での合戦の遠因となり、篠ノ井駅を〝境界駅〟にした。こうした流れを見たときに、長野オリンピックのスタジアムが篠ノ井駅の近くにできたのも、まったく無関係とはいえないのではないかと思う。そんな篠ノ井が、はじめての並行在来線三セク鉄道の境界駅になったのは、定められていた運命による必然だったのである。

土樽

Tsuchitaru

国境の長いトンネルを抜けると……

日本海側
太平洋側

DATA

境界駅のカテゴリ 旧国境
所在地 新潟県南魚沼郡湯沢町
所属路線 上越線
開業年月日 1933(昭和8)年12月8日
ホーム 2面2線

❶

❸

2

❹

❶朽ちた転てつ機も残されている、広々とした土樽駅構内。この風景に、信号場時代の面影を見る
❷現在のホームは右側。以前は左側の旧ホームが使われていた。奥には変電所が見える
❸土樽駅の駅舎から外に出ると、目の前には関越自動車道の高架が横たわる
❹駅のすぐ脇には登山届提出ポスト。谷川連峰への登山客も少なからず利用する駅だ

トンネルを抜けると高速道路

狭い日本にいないで世界に出よう、などという人がいる。

しかし、である。留学どころか海外旅行もしたことがない筆者がいうのもなんだが、日本中あちこちを旅していると、日本もあんがい広いのではないかと思う。北は北海道、南は沖縄。気候も文化も何もかもが違う。北海道と沖縄くらい離れていたらさすがに違いが大きいことにも納得はいくが、境界線を共有している隣り合った町でもまったく変わってしまうことも多い。その境界が、太平洋側と日本海側を隔てる峠なら、ほんの5分ばかりトンネルの中を走って抜けただけで、違う世界にやってきたのではないかというくらいに変化することは、まったく珍しくないのだ。そんなダイナミズムをいちばん感じられるのが、上越国境だろう。

上越国境を旅するならば、やはり冬がいい。川端康成『雪国』の有名な冒頭を引くまでもなく、上越国境、つまり群馬県と新潟県の県境の清水峠を貫くトンネルを抜けると、それまでは晴天に恵まれていたのに、とたんに雪景色。上越新幹線や関越自動車道でもいいが、やはりこの旅は、在来線の上越線に乗ってこそだろう。

水上駅から上越線に乗ると、湯桧曽《ゆびそ》駅を過ぎてすぐにトンネルに入る。下り線のトンネルは、1万3490mの新清水トンネル。上越線の複線化に伴って、1967（昭和42）年に開通したトンネルだ。川端の『雪国』は1935（昭和10）年に書かれたもので、そのときの「国境のトンネル」は9702mの清水トンネル。いまは上り線専用で使われている。

下り列車の新清水トンネルは、群馬県側の地下深くで土合という駅を通る。〝日本一のもぐら駅〟として知られる、地上からホームまで実に10分以上も階段を降りねばならない駅だ。この駅はただのもぐら駅ではなく、登山シーズンには谷川岳登山の玄関口として賑わう。上越線の下り列車でやってきた登山者は、まずこのもぐら駅で地上に出ねばならない。登山本番を控えてちょうどいい準備運動といったところだろうか。

そして、列車はまだまだトンネルの中だ。上下線2本、清水トンネルと新清水トンネルが並んで清水峠を抜け、南側には上越新幹線の大清水トンネルと関越自動車道の関越トンネルが通っている。関越自動車道はトンネルを抜けたところに土樽パーキングエリア。いちばん古参の上越線は、トンネルを抜けると土樽駅に着く。１９３１（昭和６）年、上越線水上～越後湯沢間の開業と同時に信号場として設置された、国境の駅である。

件の川端康成『雪国』でも、国境の長いトンネルを抜けた汽車は、土樽信号場に停まっている。主人公の島村は、葉子という娘が「駅長さあん駅長さあん」と知り合いの駅長を呼ぶのを眺める。開業直後、まだ信号場だった土樽には、駅長がいたのだ。

ただ、駅に昇格して90年が経ったいまでは、すっかり小さな無人駅になっている。線路も複線化されていて、信号場としての機能も持たない。何も知らずにこの駅にやってきたら、本当に何もない、ただの無人駅としか思わないかもしれない。しかし、土樽駅こそ川端康成が書いた、〝国境の信号場〟なのである。

いまの土樽駅を歩こう。

相対式のホームから、跨線橋を渡って駅舎に向かう。駅舎といっても無人駅。１日にこの駅にやってくる列車は、下りと上りで5本ずつ。つまり、10回しか列車が停まらない。いまや、上越線には特急列車も走っていないから、他にはときどき貨物列車が通過するくらいの、山間の小駅に過ぎない。

駅舎はログハウス風で、脇には登山届ポストが置かれている。上州側（群馬県側）の土合駅ほどではないにしろ、土樽駅から峠に挑む登山者がいるのだろう。が、冬の土樽駅にはそういう人の姿もなく、降り立つ人は誰もいない。

そんな土樽の駅頭に立つと、いちばんに目に入ってくるのは高速道路だ。険しい峠を越えた（というかトンネルで抜けた）ばかりなのは上越線も関越自動車道も同じことで、魚野川沿いの谷間を並んで走っている。だから、土樽駅の目の前には関越自動車道が横切っている。視界はほぼ完全に高速道路。これをみて、景色を台無しにする無粋というか、それとも交通の便が向上した証というか。少なくとも、川端が書いた国境の信号場の風景は、ほぼ完全に失われている。

それでも土樽駅の構内は広く、いまは使われていないであろう線路が何本も敷かれている。ちょうど保線か何かの職員が作業をしており、駅脇のスペースにはクルマが何台も停まっていた。さらに、高速道路も床版交換の工事中。そちらにもクルマが何台も出入りしている。そんな様子を見ていると、土樽駅は駅舎こそあっても、高速道路に阻まれてどこにも行けないのではないかと思ってしまう。

もちろんさすがにそんなことはなく、少し線路沿いを歩き高速道路の下を潜って階段を下りると魚野川沿いの県道に出ることができる。駅の裏山には変電所が見えるが、それ以外にはほとんど集落の類いもない。静かに川が流れ、高速道路を走るトラックの音が雪の中に消えてゆく。

県道から魚野川を渡る橋に向かう。橋のガードレールには、「熊出没注意」のビラが貼られている。いまの東日本の山奥は、もうどこに行っても熊に怯えながら歩かねばならないというわけだ。ちょっと怯えながら橋を渡り、魚野川沿いを歩いて上越線の線路を潜る。その先の坂を登った線路脇には、「上越北線直轄工事慰霊碑」がひっそりと佇む。殉職した人たちの名前も刻まれている。

いまの最新技術を駆使して掘削したトンネルならまだしも、大正の終わりから昭和のはじめにかけて1万m近い長大トンネルを掘った。それも前人未踏の峠越え。湯沢町（越後湯沢）から資材運搬・作業員輸送のための軽便鉄道を敷設し、最初は手掘りで掘り進んだという。１９２２（大正11）年に着工し、完成したのは１９３１（昭和６）年だから、９年もかかっている。いかに難工事だったのか、それだけでもよくわかるというものだ。

慰霊碑の脇からは、魚野川を渡る橋の先に上下線それぞれのトンネルが口を開けているのが見える。橋梁を含めて、どちらが古いのかは一目瞭然。慰霊碑より奥側の上り線清水トンネルは、２００８（平成20）年度には近代化産業遺産にも認定されている。景色を一変させてしまうほどの日本国内の〝国境〟が、そこにあった。

❶左奥に小さく見えるのが『雪国』でおなじみの清水トンネル。右側が複線化にあわせて開通した新清水トンネル
❷線路脇には上越北線、つまり清水トンネル工事に伴う殉職碑。多くの苦労と犠牲を伴って生まれた路線だ
❸下には魚野川が見え、橋には熊出没注意。駅周辺は高速道路や駅の工事・保守を除けば人の気配がないエリアだ
❹清水トンネルを抜けて魚野川を渡る上越線。いまでは上り線で使われている。橋台が歴史を感じさせる
❺駅前から国道までは、高速道路の高架をくぐって急な階段を降りるアクセスも。階段の先には登山ルートを示す標識があった
❻ログハウス風の駅舎の中には、上越線の懐かしい写真やサボが所狭しと展示されていた

東京・新潟間連絡大動脈の盛衰

上越線に乗って土樽駅から先に進む。津軽中里、岩原《いわっぱら》スキー場前と続く。このあたりは駅前にスキー場が広がり、さらにその先の越後湯沢もスキーと温泉の観光地になっている。そして、冬の入り口にこの土地を訪れると、土樽駅ではだいぶ多かった雪の量が、越後湯沢ともなるとだいぶ減っていることを実感する。というのも、土樽駅の標高は約６００m。それが越後湯沢駅まで15分電車に乗るだけで、約３５０mまで下っている。西からやってきた雪雲は、峠にぶつかって行く手を阻まれて、そこで雪を降らせる。だから、まずは標高の高い土樽、つまり国境から雪に埋もれてゆく。越後湯沢付近のスキー場は、まだまだ雪が足りていないようだ。

上越線が通る国境、つまり清水峠は、まさに上越線によって切り開かれた峠といっていい。

上越国境において、清水峠を越える道筋は最短ルートにあたる。戦国時代には上杉謙信がこの道を辿って上州に侵攻したと伝わる。しかし、江戸時代になると三国峠経由の三国街道が整備され、清水峠ルートは幕府によって交通が禁じられてしまう。近隣に暮らす人の往来以外がなくなり、事実上街道としては放棄されたのだ。明治に入ると改めて整備、国道指定を受けて復活するものの、わずか数ヶ月で土砂崩れによって通行止めとなって、そのまま現在に至るまで通行できない状態になっている。

つまり、上越国境は長らく三国峠経由が主要ルートとなり、清水峠は傍流も傍流、正確にいえばただの獣道に過ぎなかった。上越線は、そうした難所に殉職者を出してまでトンネルを通して建設した鉄道路線、というわけだ。

上越線の最大の目的は、日本海側の貿易港として重要な位置づけだった新潟と首都圏を短絡するルートの確立である。上越線開通以前は、信越本線経由で東京と新潟を結んでいた。ただ、信越本線経由でも碓氷峠という難所があることに加え、わざわざ日本海沿いの直江津まで遠回りをしなければならなかった。そこで、厳しい工事を承知の上で、時間距離を大幅に短縮することのできる上越線の建設が求められたのだ。

水上以南が上越南線、越後湯沢以北が上越北線として１９２０（大正９）年以後順次開通し、１９３１（昭和６）年に清水トンネルが開通、水上～越後湯沢間が開業して全線が完成した。清水トンネル区間は長大トンネルに対応するべく当初から電化路線としての開業だった（そのため、『雪国』に出てくる〝汽車〟は蒸気機関車ではなく、電気機関車だった）。

上越線の完成により、東京と新潟は従来の信越本線経由と比べて１００㎞ほど短縮。時間距離の大幅な短縮を実現した。１９４７（昭和22）年には全線電化が完成。東北・北陸方面への急行の経由路線になるほか、「佐渡」「越後」「ゆきぐに」といった上野～新潟間の優等列車も登場する。そして、１９６２（昭和37）年には特急「とき」が誕生。

しかし、１９８２（昭和57）年に上越新幹線が開業すると、在来の上越線の立場は暗転。年を追うごとに優等列車は削減され、いまでは高崎～渋川間に乗り入れる「草津・四万」だけになった。１９８５（昭和60）年には関越自動車道も開通。峠越え、国境を跨ぐ都市間輸送の役割は完全に新幹線と関越自動車道に譲ることになり、国境を走る上越線は1日5往復だけになってしまったのだ。

いまでは上越新幹線にその名が引き継がれた、上野～新潟間の看板列車だ。こうして上越線は、主要路線の中では比較的遅い開業にもかかわらず、あっというまに大動脈の一部になった。また、１９６０年代以降のスキー人口増加によって、スキー場を沿線に多く抱えていた上越線もお客をさらに増やしている。

そしていま、国境の土樽駅には関越自動車道を走るクルマの音ばかりが聞こえてくる。『雪国』の世界観からすれば、寂しいといえば寂しい。しかし、これこそが上越国境の発展、ということなのだろう。雪の中、静かにただそこにあるだけの土樽駅の姿こそ、国境の駅のあるべき姿。もしも、かの田中角栄の演説の通りに、三国峠を切り崩していたら。国境のトンネルを抜けた土樽駅には雪が降らなくなり、それこそ旅情もなにもあったものではない。やはり、世界を一変させる峠越えがあってこその、日本なのである。

吾野

Agano

実態はただの途中駅も、ゼロキロポストが輝く

西武秩父線
西武池袋線

DATA

境界駅のカテゴリ 路線の境界
所在地 埼玉県飯能市
所属路線 西武池袋線／西武秩父線
開業年月日 1929（昭和4）年9月10日
ホーム 1面2線

❶かつての秩父往還、吾野宿の町並み。古い町家も目立ち、のどかな山間の集落だ
❷奥武蔵を流れる高麗川は、渓谷を生み出す。高麗川沿いには水力発電所が設けられていた時代もある
❸トンネルの多い西武秩父線。トンネルから飛び出して高麗川を渡り、すぐにまたトンネルへ。この区間は4000系が主力車両だ
❹江戸時代はもとより、昭和に入ってもハイキングの拠点として多くの店が建ち並んでいたという吾野宿

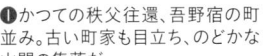

奥武蔵の山中、吾野宿の町並みとハイキング

この駅が、境界駅になったのは１９６９（昭和44）年10月14日のことだ。それまでは西武池袋線の終点で、線路はここで途切れていた。そこに、新たに西武秩父線が開業したのがこの年だった。新規開業とはいえ、事実上、池袋線を延伸させたようなもの。これによって、吾野駅は池袋線と秩父線の境界駅になったのである。

とはいえ、実態としては吾野線を境界駅として認識するようなことはまったくないといっていい。池袋線・秩父線の運行形態をみると、吾野駅ではなく飯能駅が境界駅のような役割を果たしている。飯能駅はスイッチバック構造になっているし、飯能以西は奥武蔵から秩父にかけての山中を走るから、そうなっているのだろう。吾野駅を始発・終点とする列車は、１日に１往復だけ、始発と終電に設定されているだけだ。

この、実を伴わない境界駅は、いったいどんな駅なのだろうか。吾野の町を、歩いてみよう。

吾野駅は、奥武蔵の山肌に張り付いた高台に位置している駅だ。島式のホームから構内踏切を通って小さな駅舎を抜けると、すぐ目の前には飲食もできる商店が待ち受ける。吾野駅に限らず、このあたりの西武線の各駅は奥武蔵ハイキングの拠点になっている。だから、吾野駅前の商店も、ハイキング客の休憩所を兼ねているのだろう。

駅前からは、法光寺という古刹を横目に急坂を下って町に出る。江戸と秩父を結んでいた秩父往還の吾野宿の町並みだ。江戸時代には13軒ほどの旅籠があり、白鬚神社などの参詣客でも賑わっていたという。そうした時代の面影はいまも残っていて、いかにも歴史を感じさせる古い民家が建ち並ぶ。

同時に、ハイキング客をあてこんでいるのだろう、古民家を活用した飲食店やゲストハウスなどもポツポツと。昭和30年代頃には商店が30軒以上もあったというから、奥武蔵の山中においてはそれなりに規模の大きな町だった。

その町の真ん中を流れているのが、高麗川だ。高麗川は正丸峠付近を源流にして、秩父往還・西武秩父線に沿って

東に流れ、越辺川を経て入間川、最後は荒川に合流して東京湾に注いでいる。吾野付近の高麗川は山に囲まれた上流域で、谷筋に広がる集落のひとつが吾野の町、というわけだ。

吾野駅から坂を下って宿場町を歩き、さらに高麗川を渡ると対岸には国道２９９号が通る。駅に近い宿場町の道筋も国道に指定されているのだが、道幅も狭く生活道路の趣が強い。対岸の国道はトラックを含めて交通量も比較的多い。ふたつの国道２９９号は、吾野宿のすぐ西側で合流しており、つまりは吾野宿の真ん中にたくさんのクルマが乗り入れないためのバイパス、というわけだ。

吾野宿を少し西に向かって歩く。ふたつの国道２９９号が合流して西武秩父線の線路の下をくぐると、高麗川の対岸に立派な鳥居が見えてくる。鳥居の脇には、「秩父御嶽神社」の文字。さらに、その隣には「東郷公園」の文字もある。

この東郷とは、もちろんかの元帥・東郷平八郎のことだ。当地の鴨下清八という人物が東郷平八郎に心酔し、東京の東郷邸に何度も足を運んで銅像建立の許可を願い出た。それが許されて、１９２５（大正14）年に吾野の山中に東郷平八郎像が建つ。東郷存命中に建った、唯一の像だという。

ここからさらに秩父方面に歩くと、休暇村奥武蔵（吾野駅から送迎バスも出ている）があり、さらにほどなく西吾野駅。西武秩父線は、西吾野駅の先の正丸駅から４８１１ｍの正丸トンネルで峠を越えて秩父に入る。同じように国道もトンネルで正丸峠を越えているほか、武甲山から石灰石を運ぶベルトコンベヤーも峠の地下を抜けている。

秩父のシンボル・武甲山は日本有数の石灰石の採掘地だ。吾野から秩父にかけての山中は、単にハイキングコースや秩父観光だけでなく、石灰石の山という役割も持つ。いまやすっかり観光路線と化している西武線も、もともとはこの〝石灰石の山〟を背景に建設されたものであった。

吾野の町に、はじめて鉄道がやってきたのは１９２９（昭和4）年9月10日である。西武鉄道の前身企業のひとつ、武蔵野鉄道によって開業した。

セメント需要の増大がもたらした、吾野・秩父延伸

武蔵野鉄道は、飯能出身の実業家・平沼専蔵らによって設立された私鉄で、1915（大正4）年に池袋〜飯能間が開業。当初は蒸気だったが、すぐに電化が進み、1925（大正14）年までには飯能まで全線が電化されている。まだ吾野に達する前に、現在の西武池袋線の形はほぼほぼ完成していたのだ。

それをなぜ、武蔵野鉄道はわざわざ山の中に分け入って吾野駅まで延伸したのだろうか。

その背景には、1925（大正14）年に操業を開始した秩父セメントの存在があった。渋沢栄一らの出資によって設立された秩父セメントは、武甲山の麓に工場を置いて本格的な石灰石の採掘とセメント加工をはじめた。

それまでは、一大消費地である東京から遠いところにあるセメント工場から製品を運ぶか、反対に石灰石を運んで東京近くで加工するしかなかった。その点、秩父セメントは原料立地工場であり、東京からの距離も近い。ちょうど関東大震災直後でセメント需要が拡大していたこともあって、秩父セメントはなかなかの成功を見せたようだ。

それに刺激を受けたのが、武蔵野鉄道だった。武蔵野鉄道の経営陣は、系列会社として東京セメントを設立。秩父までは行かずとも、吾野付近の山中に眠る石灰石に目をつけた。そこで、吾野までは線路を延ばして石灰石を運び、飯能の工場で加工して東京へ運ぼうと目論んだのだ。裏には、武蔵野鉄道の大株主であった浅野セメントからの要望もあったとか。

ともあれ、奥武蔵のハイキングの玄関口のひとつ、吾野駅は、鉱山開発とその輸送という、実に現実的な目的をもって開業したのである。実際に、吾野駅までの延伸開業と同じ1929（昭和4）年には飯能のセメント工場が生産を開始している。

ただ、武蔵野鉄道はほどなく経営難に陥って、平沼らの手を離れることになる。引き継いだのは、いうまでもなく

❶秩父御嶽神社の鳥居。この境内には東郷平八郎の像が建ち、東郷公園と称する
❷吾野駅前にも秩父御嶽神社の碑。駅前は広い駐車スペースがあり、休暇村への送迎バスなどもやってくる
❸吾野駅西側の踏切から吾野鉱業所を望む。石灰石積み込みのホッパーが見える。手前の途切れている線路が、かつては鉱業所につながっていた
❹西武秩父駅前には、秩父線開通を記念する碑が置かれている。吾野駅への延伸も、西武秩父線開業も、石灰石輸送が大きな目的だった
❺吾野駅近くには中学校や小学校。飯能方面の電車が到着する時間にあわせて生徒たちがやってくる。生活路線としての姿を見せる夕暮れ時だ

箱根土地の堤康次郎。その後、旧西武鉄道などとの合併を経て現在の西武鉄道につながってゆくのだが、それはまた別のお話である。

ともあれ、吾野の石灰石採掘と石灰石・セメント輸送は堤康次郎の傘下に入っても引き継がれることになる。戦時中には一時的にセメント需要が減少するものの、戦後の復興・経済成長期に入ると需要が激増。昭和30年代には、吾野駅の貨物取扱量もピークを迎える。１９６４（昭和39）年の吾野駅の貨物発送量は、31万ｔを超えている。吾野駅から秩父までの延伸、すなわち西武秩父線の建設は、こうした時期に計画されたものであった。

つまり、いまでこそ観光路線と化している西武秩父線も、当初は武甲山の石灰石輸送を目的として建設、開業したものなのだ。加えて秩父の山中から切り出される木材の輸送や秩父の町そのものの交通利便性拡充という目的もあるにはあった。ただ、最大の目的はやはり、武甲山の石灰石輸送にあったことは間違いないといっていい。

四方を山に囲まれた秩父の町は、東京から直線距離にして１００㎞ほど。ヤマトタケルにまつわる伝説のある武甲山をシンボルに、古くは和同開珎に使われた銅の産地、近世には絹織物の産地として名を馳せた。秩父神社の社殿は徳川家康に寄進されたもので、幕府からの庇護も厚かった。

そういう町ではあったが、近代以降は山に囲まれているという地理特性から、東京方面との鉄道の便には恵まれていなかった。１９１４（大正3）年には秩父鉄道が中心地まで乗り入れるようになったものの、結んでいるのは東京ではなく熊谷だ。この秩父鉄道の登場が秩父のセメント産業発展に大いに貢献したのは事実だ。が、いっぽうでは東京方面への鉄道開業も強く求められていた。西武秩父線はそうした期待も受けて開業した。かくして、吾野駅はただの終着駅から境界駅になったのである。

ただし、肝心の貨物輸送は開業時点がもはやピークであって、それからは徐々に減少してゆく。１９７８（昭和53）年には吾野駅での貨物取扱が廃止されている。その後も武甲山からの輸送は続けられたものの、１９９６（平成8）年にいたって遂に廃止されてしまった。

いっぽうで、秩父線は観光路線として台頭する。開業と同時に新型特急車両５０００系が投入され、池袋〜西武秩父間の特急レッドアローとして運転を開始する。それはいまでも引き継がれていて、００１系「ラビュー」は西武鉄道の看板列車になっている。近年も、西武鉄道の盛んな宣伝活動や地元の人々の奮闘もあって、秩父は東京都心から日帰りできる行楽地のひとつとして定着した。開業から半世紀あまり、当初の「石灰石輸送」という役割は失われたものの、かわって秩父への観光路線となったのである。

ただ、あくまでも西武線による貨物輸送がなくなっただけで、武甲山や吾野での石灰石採掘は変わらずに続けられている。吾野駅から線路沿いを少し西に歩くと、吾野鉱業所が見えてくる。運営しているのは東和アークスグループのＳＫマテリアル。もともとは１９４１（昭和16）年に東京耐火建材として設立され、のちに西武建設となった西武グループの一企業だ。西武建材として西武建設の子会社となっていたが、２０２１（令和３）年に西武グループから離れて東和アークス傘下になった（なお、西武建設も２０２２年に西武グループから離脱している）。

かつて、石灰石を貨物列車に載せていたホッパーはいまも山の麓に残っている。そこにつながっていた線路はとっくに途切れてしまっているが、吾野駅のすぐ脇の踏切から鉱業所方面を見ると、鉄道輸送を前提としていた構造だったことがよくわかる。

夕暮れ時、高台にある吾野駅には次々に学生たちがやってくる。吾野宿から高麗川を渡った対岸に、飯能市立の中学校や小学校があるからだ。そこに通う中学生や小学生の中には、電車通学をしている人も多いのだろう。夕方の吾野駅には、そんな通学の子どもたちで活気づく。そして、その中に混じっているのがハイキング帰りのお客たち。

吾野駅には特急列車は停まらない。１時間に１本あるかないかという普通列車に乗って、飯能方面に向かう。吾野駅に着いたときにはガラガラだった４０００系電車の中は、またたくまに賑やかな学校帰りと行楽帰りの電車になった。そこに、かつて石灰石輸送で活躍した産業鉄道としての面影はない。奥武蔵の山あいの吾野の町は、古き宿場町から石灰石、そして行楽の町と変遷しつつ、地元の人々の暮らしもしっかりと息づいているのである。

町田

東京と神奈川の県境に広がる巨大な商業都市

Machida

神奈川県
東京都

DATA

境界駅のカテゴリ 都道府県境界
所在地 東京都町田市
所属路線 横浜線／小田急小田原線
開業年月日 1908（明治41）年8月23日
ホーム 2面4線（横浜線）、2面4線（小田急）

❶町田駅の南側、横浜線に並行して流れる境川。写真の右手が東京都側、左手が神奈川県側。ただし、都県境と河道は一致していない
❷町田駅南口。左側には町田駅の自由通路への階段が見えるが、道路を挟んだ右側のデニーズはもう神奈川県
❸町田駅南側から陸軍士官学校まで続いていた行幸道路。昭和天皇の行幸にあわせて整備された
❹小田急線の北口には「絹の道」の碑。近代日本を支えた生糸の輸出に欠かせない輸送ルートだった
❺南口、境川の先にはラブホテル街。軍施設が近く、横浜・東京にも直結する利便性はこうしたエリアも生み出した

町田は神奈川か、それとも東京か

こんなことをいうと怒られるに決まっているが、町田という町はほとんど神奈川県である。町田駅は東京都町田市原町田にある。その点では紛れもなく東京都。町田市の人口約43万人は、東京都の23区外では八王子に次ぐ2番目の多さだ。しかし、町田はほとんど神奈川県である。

といっても、「町田って神奈川県でしょ？　東京じゃないよね？」といった概念的な揶揄とは違う。文字通り、現実的な意味で町田駅はほとんど神奈川県の駅なのだ。

横浜線町田駅の南口に出る。すると目の前にはヨドバシカメラと道を挟んでファミリーレストランのデニーズがある。階段を降りたところはまだ東京都だが、道を渡ってデニーズの前まで来ると、そこはもう神奈川県だ。さらに少し歩くと、「境川」という名前の川が流れている。文字通り、境川は東京都と神奈川県の県境を流れる川だ。古くは武蔵国と相模国の国境でもあった。いまの都県境と境川が微妙にずれているのは、蛇行していた境川の流路を直線的に改修したためだ。

ともあれ、町田駅は南口を出てからほんの数歩も歩けば神奈川県に入る。神奈川県側も相模原市という立派な政令市の一角だから、町田駅は相模原に暮らす人たちの玄関口にもなっている。だから、町田市としては紛れもなく東京都の一部だが、町田駅は神奈川県のターミナルの役割も果たしているのである。

さらにいえば、町田は歴史的にも神奈川県との関係が深い。

たとえば１８６８（明治元）年から１８９３（明治26）年まで、四半世紀に渡って町田は神奈川県に含まれていた。１８７８（明治11）年に東京西部の多摩郡は東西南北の4郡に分割、東多摩郡は東京府に編入された。ただ、北多摩郡・西多摩郡・南多摩郡のいわゆる〝三多摩〟は神奈川県の管轄のまま残される。ところが、その後東京府が三多摩の東京編入を強く求めたのだ。当時、東京ではコレラが流行しており、上水道の資源と衛生確保が求められていた。それが、東京編入の直接的な理由になっている。

ただ、実際にはこれ以外にも大きな理由があったという。それは、当時多摩地域で盛んだった自由民権運動である。自由民権運動への弾圧、取り締まりを容易にすることが、東京編入の大きな背景にあった。当時の園田安賢警視総監も三多摩の東京編入を後押ししていたし、町田を含む南多摩郡の自由党勢力に手を焼いていた内海忠勝神奈川県知事までもが三多摩割譲に積極的だった。三多摩地域、中でも町田一帯ではかなり激しい抵抗運動もあったようだが、権力サイドの意向には逆らえない。

かくして町田は神奈川県から東京府、そしてそのまま東京都になったわけだ。もしも、明治時代に町の人々の意向が民主的に受け入れられていたら、いまも町田は神奈川県だった。ということになる。

また、経済的にも町田は神奈川との結び付きが強かった。町田を通る幹線道路のひとつは、国道16号。町田はちょうど横浜と八王子の中間に位置している。この国道16号はかつての神奈川往還、町田街道を継承する道だ。明治時代には八王子の絹を国際港である横浜に運び、「絹の道」として日本の近代化を支える役割を担っていた。町田はその途上にあって、交通の中継点として賑わった。横浜線もまた、絹の道と同じ役割を求められて開業している。この点からも、町田は横浜という国際港の後背地として発展した町なのだ。

さらに、町田駅南口から続く神奈川県内、相模原への玄関口という役割も、歴史的なものだ。

1937（昭和12）年、現在の神奈川県座間市に陸軍士官学校が市ヶ谷から移転してきた（現在の在日米軍キャンプ座間）。昭和天皇も士官学校の卒業式のために行幸、現在の横浜線町田駅を使っている。横浜線にお召し列車が走り、まだ原町田駅といい、今よりも少し東側にあったその駅舎から士官学校に向かった。それにあわせて整備されたのが、町田駅の南側から境川を渡って小田急線に沿ってキャンプ座間まで向かっている行幸道路だ。つまり、町田は軍都となった相模原一帯へアクセスする役割も持っていた。

こうして見ると、町田駅周辺の町としての機能は、ほぼほぼ神奈川県との結び付きによって与えられてきたものといっていい。町田駅はただ都県境に接しているというだけでなく、実質的な意味でも神奈川県の駅といっても過言ではないのである。

そんな町田駅には何があるのか。境川の流れる南口を皮切りに、少し町を歩いてみよう。

ヨドバシとデニーズの間の道を進むとすぐに境川を渡る橋がある。境川沿いには大きなマンションがいくつも建ち並んでいて、住宅地としての町田の側面を見せてくれる。ただ、ちょっと気になるのは川の向こうにはラブホテルが密集したエリアがあることだ。

ほんの少し前、「町田駅の南口は治安が悪い」などと聞いたことがある。町田の中心市街地は駅の北側だから、それとは反対側で夜になると真っ暗だ。それでいてラブホテル街もあるから、確かに治安が悪いイメージになるのもうなずける。

2000年代の半ば頃、町田には性風俗店が多数開店して客引きも増加、「西の歌舞伎町」などという不名誉な呼ばれ方をしていたことがある。当時の石原慎太郎都知事が歌舞伎町浄化作戦を展開、あぶり出された人たちが小田急線で一本の町田に流れ着いてきたのだ。南口の治安がうんぬんという話を聞いたのもその頃のこと。結果的には繁華街に民間交番を設けるなど、地元の人たちの尽力で過度な治安の悪化は避けられている。

境川沿いを東に歩いて行幸道路に出たら、道なりに東に進むとそのまま横浜線を跨ぐ高架橋に出る。横浜線の北側には、線路に並行して町田駅前通りという大通り。駅前はペデストリアンデッキが覆っていて、道沿いにはいくつも大きな商業施設が集まっている。横浜線の町田駅には駅ビルのルミネ町田があり、町田駅前通りを挟んで町田東急ツインズ。小田急線の町田駅に向かうデッキ沿いにはマルイや町田モディ、そして小田急線の町田駅はまるごと小田急百貨店になっている。これだけ商業施設が集まっているターミナルは、なかなかない。東京都心はともかく、三多摩では随一のターミナルといっていい。

❶横浜線の改札から北口に出たペデストリアンデッキ。いちばんに出迎えるのは東急ツインズ
❷横浜線前のペデストリアンデッキから小田急線方面を見る。右にはモディ、左にはマルイ、奥には西友やラウンドワンなども見える
❸横浜線と並行している町田駅前通り。小田急線の高架下にはバスターミナルが置かれている
❹町田駅前通りから仲見世商店街入り口方面を見る。行列ができる店がいくつかあり、平日の日中から人通りが多い
❺かつての「絹の道」が中心繁華街。このあたりの商店街は、16世紀に生まれた原町田村の「二の市」がルーツだ

16世紀に生まれた小さな市が、大商業地・町田の原点に

町田駅前通りのさらに北側は、細い路地が何本も入り交じる商業ゾーン。仲見世商店街の入り口近くには長い行列ができていた。平日の昼間から行列ができているのだから、なかなかの人気店なのだろう。バラック建ての店がわずかなエリアに密集している仲見世商店街は、まさに町田の名所のひとつ。吉祥寺にはハモニカ横丁があるように、町田には仲見世商店街がある。そしてここを抜けると、昔も今も町田のメインストリート、旧町田街道だ。

町田街道は、前にも書いたとおり、「絹の道」の異名を取った横浜と八王子を結ぶ街道だった。この道を通って八王子の生糸が横浜に運ばれ、道沿いには繊維・衣料関係を中心に多くの店が建ち並んで賑わいを見せた。「絹の道」になるよりはるか前、江戸時代の初め頃からはすでに一定の規模の町が形成されていたというから、町田の中心繁華街は実に数百年に及ぶ歴史を持っているということになる。

鉄道の時代になって新たに国道が通されたりと、町の形が変わってゆくにつれて町の中心は少しずつ移動してゆくのが普通だ。しかし、町田においては数百年も町の中心が同じ場所にあり続けている。これは実に珍しい。そして、その数百年来の中心地を軸にして、駅に隣接して巨大な商業エリアが形作られた。これはどういうことなのだろうか。

もともと町田駅周辺は、原町田といった。というか、いまも地名としては原町田だ。1908（明治41）年に当時の横浜鉄道の駅が開業したときには原町田駅と名乗った。また、1927（昭和2）年に小田急線が開通したときも、新原町田駅と称している。現在の町田駅に改称したのは、1980（昭和55）年。駅周辺の再開発に伴って横浜線の駅が小田急側に移転したときのことだ。

原町田、という言葉に偽りはなく、古く町田駅一帯は原野に過ぎなかった。戦国時代には「相之原」と呼ばれていた。16世紀の終わり頃に開拓され、原町田村が誕生したのが歴史のはじまりだ。なお、近くには〝本村〟にあたる町

田村があり、そちら側はのちに本町田と称している。

本町田では毎月二と七の付く日に市が立っていたが、それに倣って原町田でも１５８６（天正14）年には「二の市」が開かれるようになる。その場所はいまの町田駅前の中心地。いまに続く商業都市・町田の原点である。江戸時代の後半には「六の市」も加わって、「二・六の市」の町、つまり商業地として賑わいを見せるようになる。明治に入って絹の道の中継地点となり、さらに都市化が進む。明治初期、すでに原町田に暮らす人の4分の3が農業以外の産業に従事するようになっていたという。この時期に、町田は〝商都〟としてほぼ完成していたというわけだ。

さらに横浜線・小田急線の開業により、東京方面からも商店が進出する。昭和初期に相模原に相次いで軍事施設が設置されると、その後背地としての役割も持つようになった。戦時中には物資統制の影響もあって商業地の衰退が見られたものの、戦争が終わるといち早くヤミ市が立ち、早々に賑わいを取り戻す。行列のできていた仲見世商店街も、ヤミ市をルーツとする商店街のひとつだ。

戦後復興期から高度経済成長期にかけては、相次いで大型のスーパーや百貨店が進出した。長崎屋やさいか屋、大丸などが開店し、１９７６（昭和51）年には小田急百貨店もオープン。三多摩随一の商業地として存在感を高めていったのだ。大丸が開店した翌年の１９７２（昭和47）年の地価上昇率は約67％。東京都内の平均が19％だから、いかに町田の商業地としての伸張が著しかったのかがよくわかる。

そして、１９８０（昭和55）年の横浜線原町田駅の移転、小田急線との近接化と合わせた駅周辺の再開発によって、こうした商業都市としての発展は加速し、いまに続いているのだ。４００年前に「二の市」からはじまった小さな村が、いまや首都圏屈指の大商業都市になった。神奈川県だとか、東京都だとか、そういったことはもはや町田にとってはなんのアイデンティティにもならない。町田は、東京や横浜に寄りかかっている郊外としてではなく、ただ単に独立した「町田」なのである。

押上

Oshiage

東武と京成、ふたつの私鉄と地下鉄の境界駅

京成電鉄・東武鉄道 ⟷ 東京都交通局・東京メトロ

DATA

境界駅のカテゴリ 会社間境界

所在地 東京都墨田区

所属路線 都営浅草線／京成押上線／東京メトロ半蔵門線／東武スカイツリーライン

開業年月日 1912(大正元)年11月3日

ホーム 2面4線(都営・京成)、2面4線(メトロ・東武)

❶北十間川とスカイツリータウン。かつての貨物駅もすっかり一変した
❷四ツ目通りから見る押上駅方面。奥には東武の高架が見える
❸その名も「東武橋」から隅田川方面を見る。北十間川と隅田川の間には水門。その奥には首都高の高架が見える
❹ソラマチ広場の地面には東武貨物駅のドック跡を示すパネルが埋め込まれている。北十間川を通じて隅田川舟運と接続していた
❺四ツ目通り沿いには商店街も形成されており、押上駅前の中心市街地になっている

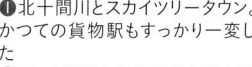

外国人観光客で溢れるスカツリー麓の町

押上駅は、ふたつの境界駅が並立しているターミナルだ。ひとつは、京成押上線と都営地下鉄浅草線。もうひとつは、東武スカイツリーラインと東京メトロ半蔵門線。前者は羽田空港と成田空港という二大空港を連絡する役割を持ち、後者は私鉄ではいちばん長い複々線区間を抱えるスカイツリーラインの沿線から都心へと、通勤輸送を担う。いずれ劣らぬ東京東部の大動脈といっていい。すなわち、押上駅は東京東部における交通の要衝なのだ。

その町の中心は、いまや東京スカイツリーだ。

スカイツリーラインだろうが京成だろうが、ホームに降り立った時点で周りを見渡せば、何人もの外国人観光客の姿が見える。どちらも地下にホームを持つ駅だから、スカイツリーを眺めるためには地上に登って外に出なければならない。……と思ったら、ちゃんとスカイツリータウンに直結する出入口が用意されている。もちろん普通に階段を登って地上に出ても、すぐ目の前……というか頭上には天を貫くスカイツリー。その麓のスカイツリータウンを訪れる人を含め、町には観光客がたくさん溢れていて、実に賑やかだ。だから、押上駅は境界駅うんぬんを語るような駅ではなくて、本質的にはスカイツリーのターミナルという意味合いの駅なのである。

押上駅から地上に出て、すぐ目の前を流れる北十間川沿いを西に歩く。南は北十間川、北はスカイツリータウン。お上りさんよろしく、どうしても足下ではなく空を見上げながら歩いてしまう。634mのスカイツリー、近くから見るにはあまりに大きすぎる。

スカイツリーの正面で北十間川を渡る橋の前を通るところで、外国人観光客に中国語で話しかけられた。カメラを持ってこの町をうろうろしている人は、ほとんど外国人観光客ばかりだと思われているのだろうか。「ノー、ジャパニーズ」なんて応じたら、向こうも片言で「ピクチャープリーズ」。スカイツリーをバックに自撮りを試みていたが、あまりに高すぎてうまくいかなかったようだ。快く、写真を撮って差し上げた。

個人的なことをいうと、東京に住んでいてもスカイツリーに昇ったのは一度だけ。それも、開業前のメディア向け内覧会で昇ったきりだ。もうひとついうと、東京タワーも一度しか昇っていない。京都出身の友人に聞くと、知り合いの京都案内くらいでしか京都タワーには昇らないし、大阪の友人も通天閣には一度も昇っていないという。いまさらではあるけれど、住んでいる土地の名所にはなかなかいかないというのは、やはりよくあることなのだ。

きっと、スカイツリータウンあたりをうろうろしている若者たちや、周辺の町中をベビーカーを押して歩くお母さんも、スカイツリーには昇っていないに違いない。ただ、そんな人たちでも麓のスカイツリータウンにはあれこれ楽しいお店が揃っているし、水族館もプラネタリウムもある。昇らなくても楽しめるスカイツリーは、やはり外国人だけに限らない、東京では少なくともトップ10には入る観光スポットなのだ。

さらに少し歩いて行くと、東武スカイツリーラインのその名も「とうきょうスカイツリー」という名の駅がある。押上駅とはスカイツリータウンを挟んで１８０度反対側。直接的なスカイツリーの最寄り駅は、いちおうはこちらの駅なのだろう。つまり、実に近接して、東武スカイツリーラインはふたつのスカイツリー最寄り駅を持っている。

スカイツリーから少し離れれば、中小の住宅がひしめき合う下町の市街地が広がる。北十間川・スカイツリーの北も南も東も西も、まったくの市街地だ。そしてそんな中を西に歩けば隅田公園、首都高、そして隅田川。川端から見えるのは、浅草の繁華街。東武の電車も浅草駅から急カーブをして隅田川を渡り、とうきょうスカイツリー駅にやってくる。押上駅一帯は、スカイツリーと下町らしい市街地から構成される町なのである。

そんな賑やかなスカイツリータウンの脇を歩いていたら、小さな碑を見つけた。「生コンクリート工場発祥の地」。東京ソラマチ１階の外壁にひっそりと置かれている。通り過ぎる人は誰も目もくれない。もうひとつ、ソラマチひろばと呼ばれる広場の路面には「東武鉄道船渠（ドック）跡」と書かれたパネルが埋め込まれていて、こちらには足を止めて眺めている観光客がいる。ただ、生コンのほうには誰も興味がないのか、それとも気がつかないのか。いずれにしても、この目立たない碑は、この押上駅とスカイツリー周辺が、東武と京成という二つの私鉄のターミナルを巡る苦難の歴史と工業都市・東京の横顔が眠っている証である。そう、いまはただの交通の要衝、そして観光地の玄関口になった押上も、一筋縄ではいかない歴史を抱えているのだ。

大貨物駅と工業地帯、そしてターミナルを巡る物語

例の生コン発祥の地の碑は、1949（昭和29）年に日本で初めての生コンクリート工場が設立されたことにちなんだものだ。碑はスカイツリーができる前、1999（平成11）年に設置され、スカイツリー建設に際して一時退避、完成後にまた元に戻された。つまり、いまは賑やかな商業施設、観光地になっている押上も、かつては生コン工場が働く工業地帯だったというわけだ。

この一帯にはじめて開業した鉄道駅は、1902（明治35）年に開業した現在のとうきょうスカイツリー駅だ。その当時は吾妻橋駅と名乗り、東武鉄道の都心方のターミナルであった。

2年後の1904（明治37）年には東武亀戸線を開業させて、亀戸経由で総武鉄道両国橋駅（現・総武本線両国駅）まで乗り入れる。それにより、一時的に吾妻橋駅は廃止となった。ただ、すぐに貨物営業を開始して、1910（明治43）年には浅草駅に名を変えて旅客営業を再開する。同年中には北十間川につながるドックも設けられ、舟運とも接続する一大貨物ターミナルになった。

東武鉄道としては、できることなら隅田川を渡って名実ともに浅草への乗り入れを果たしたいところだっただろうが、その手前に留まったおかげでこの地に貨物ターミナルを生み出したのだ。この東武の貨物駅が大いに活躍したのは、1923（大正11）年の関東大震災直後。盛んに運ばれてくる砂利や石灰石などの建材が東京の復興に大いに貢献したのだ。昭和初期、東京の私鉄貨物のうち、おおよそ90％までもが東武の貨物だったという。その大部分が浅草

❶北十間川沿いの高架を走る東武特急「リバティ」。スカイツリー麓のエリアで、高架下も観光施設などが入っている
❷浅草通りが大横川を渡る業平橋。浅草通りの南側にはJTの生産技術センターなど、いまも事業所が多い
❸マンションも増えている押上・スカイツリー周辺。左手の業平橋住宅は1972(昭和47)年竣工の14階建てマンションだ
❹京成橋から北十間川の東側を望む。東京下町、どこまで行っても市街地が続く
❺京成押上駅と市電の押上電停を連絡するために設けられた京成橋。京成の手によって整備された

の貨物駅で取り扱っていたというから、いかにその規模が大きかったのか。戦後になって生コンクリートの工場ができたのも、そうした貨物駅としての機能があったがためである。

隅田川周辺の一帯は、東武の貨物駅に代表されるように、東京下町の工業地帯だった。大きなところでは、鐘紡や現在の日本車輌に通じる天野工場、服部時計店から分離された精工舎、またいまはライオン歯磨きでおなじみの小林商店などがあった。それ以外にも中小の工場が密集。大正時代初め頃には、本所区・深川区あわせて1000近い工場が集まっていたという。東京市全体の約3分の1。それくらいの一大工業地帯が広がっていて、その中心にあったのが東武の貨物駅だった。

なお、旅客駅としては1931（昭和6）年に悲願の隅田川渡河を果たし、浅草雷門駅（現・浅草駅）を開業させている。これによりターミナルの役割はそちらに移り、旧浅草駅は業平橋駅に改称している。この時点で、どちらかというと貨物に比重を置いた駅になっていた。

いっぽうで、1912（大正元）年には、肝心なのちの境界駅、押上駅が開業している。開業させたのは、京成電気軌道。のちに京成は都心に乗り入れて上野をターミナルとするのだが、東武と同じくはじめはそれが叶わなかった。そこでターミナルを押上に置いたのだ。

ここでもちょっとしたドラマが生まれている。京成の押上駅開業の翌年、東京市電が業平橋から押上まで延伸する。しかし、京成の押上駅と市電押上電停の間には北十間川が流れており、両者を結ぶ橋も架かっていなかった。京成にしてみれば大事なターミナルなのに、市電との接続が不便では都合が悪い。そこで、自ら北十間川に橋を架け、電停までの道路整備まで行った。それが、いまも北十間川に架かる京成橋のはじまりである。これによって、押上駅周辺にはいまの賑わいに通じる繁華街が生まれることになる。

京成はのちに上野に乗り入れたことで、押上〜青砥間は支線となる。地下に潜って都営浅草線との直通運転開始によって〝本線化〟したのは1960（昭和35）年になってから。だから、それまではどちらかというと下町の工業地帯に通じるローカル路線という趣が強かったようだ。

京成線には、関東大震災の後から千葉方面の農家が行商で利用するになる。行商専用の列車が運転され、青砥駅では上野方面と押上方面に分岐していたという。押上駅前には野菜をたくさん背負ってやってきた行商人が店を開いて賑わった。いかにも下町らしい風景が想像できる。千葉方面へのターミナル・押上らしさというべきか。ただ、地下鉄直通はそんな風景も変えた。行商専用列車は１９９８（平成10）年には押上方面には走らなくなった。こうして押上の町は千葉方面へのターミナルから、地下鉄直通の〝境界駅〟へと性質を変えていったのだ。

２００３（平成15）年には、押上駅を介して東武伊勢崎線と地下鉄半蔵門線の相互直通運転もはじまる。東武にとっては押上〜曳舟間は伊勢崎線の線増扱い（業平橋〜曳舟間の複々線化事業）で、これによって北千住駅からの日比谷線に次いで、２本目の都心直結実現だった。

こうして押上一帯の歴史を見ると、それは東武と京成のターミナルを巡るみちのりそのものといっていい。東武も京成も、この地にまずはターミナルを置いた。ただ、それで満足していたわけではなく、できることなら隅田川を渡って浅草へ。浅草は江戸時代以来の東京でいちばんの繁華街だったから、それを望むのも当然のことだ。

しかし、隅田川に阻まれてそれはなかなか実現しなかった。浅草乗り入れを巡っては、東武と京成が競願の末に１９２８（昭和３）年には京成電車疑獄事件まで起きている。結局、東武は１９３１（昭和６）年に浅草へ、京成は１９３３（昭和８）年に上野に乗り入れた。ただ、関東大震災の影響もあって、そのときには徐々に東京の中心繁華街は西に移りつつあった。どうにもうまくいかない、東武と京成のターミナルを巡る思惑が、すべて押上一帯には眠っているのだ。

そしてそれから時が流れ、いまの押上は東武と京成にとっては都心直結の〝境界駅〟になった。かつて東武が誇る巨大貨物駅だった跡地にはスカイツリーが生まれた。押上駅は、スカイツリーの玄関口という役割を得た。もしかすると、境界駅としての押上駅の完成こそが、東武と京成のターミナルを追い求めた物語の終着点なのかもしれない。

綾瀬

迷惑乗り入れと言われても……

Ayase

JR東日本
東京メトロ

DATA

境界駅のカテゴリ 会社間境界

所在地 東京都足立区

所属路線 常磐線／東京メトロ千代田線

開業年月日 1943(明治18)年4月1日

ホーム 2面4線

❶綾瀬駅前ではタワーマンションが建築中。奥にはアパホテルも見え、綾瀬の町のイメージも変わりつつある
❷高架下には庶民的な飲み屋がずらり。高架化にあたって立ち退きを強いられた商店は、高架下に移転した
❸高架に並行する道路がいちばんの商業ゾーン。イトーヨーカドーは綾瀬のシンボルのひとつ
❹東京武道館も綾瀬のシンボル。東綾瀬公園の一角に設けられたもので、ここからさらに北綾瀬駅にかけても公園が続く
❺こちらも線路沿いの商店街。チェーン店が多いところはいかにも東京の駅前らしい風景だが、そこに混じって古くからの個人店もちらほら
❻駅のすぐ近くは原色系の色合いが目立つ看板の店が多いが、少し離れると大人な雰囲気も

タワマンも建ち、商店街も賑やかに

綾瀬は、拘置所の町でもある。綾瀬駅から西に向かい、首都高速6号三郷線の高架を跨ぐと町の名の由来になった綾瀬川。その対岸に、東京拘置所がある。

東京拘置所は、1879（明治12）年に東京集治監として設置されたのがはじまりだ。江戸時代までは徳川将軍家が鷹狩りに出た際に休息で使う小菅御殿。明治に入ると、ごく短い期間だけ小菅県の県庁舎が置かれ、その次は日本初の煉瓦工場になる。囚人たちの苦役として煉瓦製造をさせてはどうだ、と考えられて、集治監を設置。以後、小菅刑務所への改称、巣鴨にあった東京拘置所の移転などを経て、現在の形になった（ちなみに、小菅刑務所の機能は栃木県に移転している）。

集治監時代のようすは、吉村昭の小説『赤い人』に描かれている。物語のはじまりは、1881（明治14）年の東京集治監。北海道開拓のために空知集治監に移送される囚人たちが、小さな船に乗せられて綾瀬川から隅田川へ出て、横浜港に向かってゆく。

この時代、もちろんまだ常磐線は通っていない。作品で描かれているとおり、綾瀬川は直接隅田川につながっていて、いまの荒川下流は姿形もない頃だ。金八先生の土手も、もちろん存在していない。そして、「綾瀬」という地名もまだ生まれていない。綾瀬川の他には古隅田川などが流れる低湿地の新田地帯。つまり、めぼしいものは何もない、まったくの町外れ、東京市にも含まれていない〝境界の外〟に過ぎなかったのだ。ただひとつ、東京集治監だけが威容を示していた。

それから150年近くが経って、町は一変した。

東武スカイツリーラインの下をくぐって北千住駅からやってきた常磐線と東京メトロ千代田線は、そのまま高架で綾瀬駅に滑り込む。東西に細長い綾瀬駅の周囲は、ギッシリと住宅や店舗がひしめく市街地だ。駅の北側に出ると、ちょうど通りを挟んだ向かいではタワーマンションが建築中。その隣にはイトーヨーカドー。駅沿いの道はちょうど高架がそのまませり出して歩道の屋根のようになっていて、そこにはたくさんの人が行き交っている。まっすぐ歩くのにも難儀するくらい、たくさんの人だ。

さらに、複々線の高架下にも飲み屋の類いを中心に店が並ぶ。もともと駅周辺にあった商店が、複々線・高架化の際に立ち退きを求められ、代替地として高架下が用意されたのだという。高架化したのはもう50年以上も前のことだから、さすがに当時の店がそのまま営業しているとは思えない。が、歴史的にはそういう文脈の高架下商店街だ。

タワマン建築現場の奥にはアパホテルが見え、さらにその周囲には大きなマンションがずらり。駅の南側に出たところでそれは変わらず、駅周辺の商業ゾーン、少し離れればニョキニョキ生えるマンションを中心とした住宅地、というのが綾瀬駅の様相なのだ。このあたり、いかにも典型的な東京都心の外縁部、といったところである。

また、北口には「お祭り広場」と名付けられた広場や、植栽に彩られたプロムナードも用意されている。東京はただのコンクリートジャングルなどではない。意外にあちこちに公園やそれに類するスペースが設けられているのだ。そして、プロムナードをまっすぐに行けば、東京武道館が待ち受けている。

東京武道館は大きな玉ねぎのアレではなくて（あちらは〝日本〟武道館）、1989（平成元）年に完成した武道場。ボクシングやプロレスなどが行われることもあるが、どちらかというとその名の通り武道系の競技会の会場として使われることがほとんどになっているようだ。

綾瀬駅の南も北も、駅から離れるにつれてのどかな雰囲気が増してゆく。遠く南にはスカイツリーもちらりと見える。どこまで歩いても、綾瀬の町は大都会・東京の一角。住宅地としての比重が大きいのは言うまでもなく、南は京成堀切菖蒲園駅、西には東武の小菅駅や五反野駅があり、駅勢圏は重なり合っている。私鉄2本と常磐線、地下鉄千代田線。使える路線が多いというだけでも、住宅地・綾瀬の価値はかなり高いものになっているのだろう。

「迷惑乗り入れ」騒動はいまも……

１５０年前には東京集治監があるばかりで田園地帯だった綾瀬の町は、なぜここまで激変するに至ったのだろうか。１５０年も経てばそりゃ変わるでしょ、と言われたらそれまでだが、ちょっとだけ深掘りさせてもらいたい。

綾瀬という町は、１８８９（明治22）年に綾瀬村として発足するまでは、伊藤谷村・弥五郎新田・五兵衛新田・次郎左衛門新田・保木間村の飛び地であった。これらが合併し、村内を流れる綾瀬川にちなんで綾瀬村と命名される。これが、「綾瀬」という地名の誕生である。

このような変遷を辿ってきたものの、都市化が進むのはだいぶ後になってからのことだ。１８９６（明治29）年には現在の常磐線田端～土浦間が開業し、綾瀬村内にも線路が敷かれた。ただ、駅は設けられることはなく、田園地帯のまま推移している。明治時代の綾瀬は、主にキャベツなどの野菜栽培が盛んな近郊農村だった。

ちなみに、この綾瀬のキャベツ、日本におけるキャベツ栽培発祥の地、なのだとか。伊藤谷の子どもが通っていた東京の中学校のアメリカ人同級生を介してキャベツの種を入手し、伊藤谷での栽培がはじまったという。戦時中は栽培が途絶えたが、戦後再開して静岡などからキャベツ栽培を学びに来ることもあった。ロールキャベツもとんかつのキャベツも、綾瀬の町があってこそ、である。

それはともかく、綾瀬駅周辺の都市化がはじまったのは、事実上戦争が終わってからだ。きっかけは、１９４３（昭和18）年に開業した綾瀬駅。いまよりも２５０ｍほど西側、綾瀬川の近くにあった。もちろん当時は高架駅ではなく地上駅。戦時中の開業だったために資材が不足し、バラック小屋レベルの駅舎と使用済みの枕木を並べたホームだったとか。

戦争真っ只中、欲しがりません勝つまでは、のご時世になぜ駅ができたのか。それは、１９４０（昭和15）年、駅

❶初代綾瀬駅があったあたりは、いまでは駐輪場・駐車場になっている。高架化されたため、痕跡はほとんど残っていない
❷綾瀬駅北東側には公園も。奥には学校があり、下町らしさと現代的な過ごしやすさが共存した町だ
❸駅前から東京武道館方面に続くプロムナード。クルマが乗り入れないので、小さな子どもをつれたお母さんの姿もあった
❹架沿いから高架下まで、駅の周りには高密度で飲食店などがひしめく綾瀬駅。駅名看板を見ると、JR東日本と東京メトロのマークが並んでいる

北側に東京府立第11中学校（現・東京都立江北高等学校）ができたからだ。１９３８（昭和13年に青山の仮校舎で開校し、五兵衛町に移転してきた。ただ、綾瀬に駅がなかったから、最寄り駅は東武伊勢崎線の五反野駅で、ちょっと遠かった。そこで学校が盛んに陳情し、実現したのが綾瀬駅なのだ。

そして、この通学のためのちっぽけな駅を足がかりに、戦後になってから周辺の都市化が少しずつ進んでゆく。１９７１（昭和46）年には、営団地下鉄千代田線が開業。同時に常磐線の綾瀬〜我孫子間が複々線化され、地下鉄との直通運転もはじまった。千代田線直通の常磐線各駅停車、上野からやってくる快速と中長距離列車という緩急分離の運転系統が固まったのは、このときのことだ。

綾瀬駅も、このときに地下鉄千代田線と常磐線各駅停車の境界駅になった。当時は営団と国鉄、いまは東京メトロとJR東日本。両社の共同使用駅で、管理しているのは東京メトロである。

また、同時に綾瀬駅は移転高架化している。開業当時の綾瀬川近くから２５０ｍほど東にお引っ越し。先行して緩行線の高架を建設し、こちらを一旦常磐線全列車が使用。従来の地上の線路を遅れて高架化してこちらを快速線として完成させている。いまの綾瀬の町の形も、このときに固まったものだ。

ここに至り、綾瀬の町は一層都市化が進み、現在のような駅に近い高架沿いの商業エリアとそこから少し離れた先の住宅地、という町の有り様も、形作られてゆくことになる。タワーマンションがどんどんできて、下町感溢れる綾瀬が変わりつつある……などという見方をされることもある。ただ、歴史的に見れば地下鉄千代田線乗り入れ以降の都市化の一環として捉える方が、より正確なのではないかと思う。

と、順風満帆に見える綾瀬駅。ところが、千代田線は大きなトラブルの種も運んできた。

千代田線の綾瀬乗り入れと常磐線への直通運転は、平たくいえば常磐線の複々線化。快速と中距離電車は上野から、各駅停車は地下鉄直通、という形で役割を分けたのだ。だから、北千住〜綾瀬間は〝常磐線扱い〟。東京メトロではなくJR東日本に合わせて運賃は１５０円に設定されている。

が、問題はこれでは解決しない。千代田線と常磐線の直通運転は、「迷惑乗り入れ」などとして批判の的になってしまったのだ。わかりやすくいえば、たとえば金町や亀有といった各駅停車しか停まらない駅のお客は、乗り入れ前はそのまま上野に行くことができた。ところが、千代田線乗り入れによってわざわざ北千住で乗り換えるか、西日暮里で乗り換えるか、という手間を強いられる。さらに、北千住で常磐線快速に乗り換えるならいいが、乗り換えが楽ちんな西日暮里を選ぶと初乗り料金が何度も取られてしまって割高になるという問題もあった。

問題はまだ終わらない。快速停車駅発で綾瀬駅から地下鉄に乗り換える定期券を持っているお客が、北千住駅で地下鉄に乗り換えようとすると、綾瀬～北千住間の運賃を別途徴収されてしまう。ルール上は当たり前。ただ、国鉄時代は〝お目こぼし〟で北千住駅での乗り換え時に運賃を徴収していなかった。ところが、国鉄からJR東日本に変わるとチェック体制が強化され、トラブルが相次いだのだとか。面倒を避けてなあなあで済ませていた国鉄がすべて悪いのだが、ずっとお目こぼしの恩恵に浴していたお客からすれば、憤懣やるかたないといったところだろう。

こうした問題は、まったく解決されていない。２０２３（令和５）年3月に導入されたバリアフリー料金制度により、初乗り運賃がそれぞれ10円ずつ高くなった影響も大いに受けている。昨年には亀有駅と金町駅の利用者16名が「相互乗り入れで割高になるのは不当」としてJR・メトロ・国を相手に裁判まで起こしている（一審判決はすでに出ており、原告の訴えを退けている）。千代田線直通は50年以上前にはじまったわけで、何をいまさら、という気がしなくもない。ただ、この綾瀬駅を〝境界〟とする直通運転は、他の地下鉄と郊外路線の直通運転とはちょっと違った問題をはらんでいたというわけだ。

とはいえ、いまの綾瀬の町を見れば、その成長が止まっていないことは明らかだ。高度経済成長期に都市化が進んだ町らしい、庶民派の町の雰囲気。そこにタワマン的な息吹が加わって、また新しい「綾瀬」が生まれようとしている。東京の〝境界の外〟から内側に入り、鉄道の〝境界駅〟になって都市化が進む。綾瀬の町は、いかにも東京らしい進化を続けているのである。

取手

Toride

坂東太郎に面する首都圏の外縁

交流電化 ↔ 直流電化

DATA

境界駅のカテゴリ 電化方式の境界

所在地 茨城県取手市

所属路線 常磐線／関東鉄道常総線

開業年月日 1896（明治29）年12月25日

ホーム 3面6線（常磐線）、1面2線（関東鉄道）

❶取手駅西口にはペデストリアンデッキ直結のビル。かつての取手とうきゅうで、いまは西友などが入る
❷取手駅西口の北側では、目下再開発の真っ最中。何ができるのかは……完成してからのお楽しみ
❸取手駅西口側の線路沿い。通りは川沿いに向かって下ってゆくが、線路はそのまま橋梁で利根川を渡る。線路沿いの壁には壁画も
❹坂東太郎・利根川を渡る常磐線。トラス橋なのでわかりにくいが、ちょうど特急が横断中。この利根川が千葉県と茨城県の県境になっている
❺取手駅までは複々線。そのため、利根川を渡るトラス橋も2本。複々線化したのは1982（昭和57）年のことだ

取手を境界駅にした地磁気観測所

「川辺に来りぬ。始めて知りぬ。これこそ坂東太郎とあだ名を取りたる利根川とは。標柱を見れば茨城県と千葉県の境なり。川を渡れば取手とて今迄にては一番繁華なる町なり。処々に西洋風の家をも見受けたり」

１８８９（明治22）年、正岡子規が友人と二人で水戸まで旅行をしたときの様子を記した『水戸紀行』の一節である。このとき、まだ常磐線は通っていない。鉄道がないから、子規は水戸街道を歩いて旅をした。

水戸街道は五街道に含まれてはいなかったが、徳川御三家のひとつ、水戸藩の城下に通じる重要な街道だ。が、鉄道の開業は比較的遅れていた。水戸藩が幕末にやたらと混乱していたから、というわけではさすがにないだろうが、現在の常磐線の最初の区間が開業したのは子規が水戸を訪れたのと同じ年の１８８９（明治22）年。ただ、開通した区間は友部〜水戸間だけで、東京都心から水戸へのルートが確立されたとは言い難かった。

ようやく都心と水戸が結ばれて、常磐線の形が整ってきたのはもう少し後のこと。１８９５（明治28）年に土浦〜友部間が開業し、次いで翌１８９６（明治29）年に田端〜土浦間が開業した。子規が「一番繁華なる町なり」と評した取手の町に鉄道がやってきたのも、この年のことである。つまり、取手の町は鉄道が開業する以前から、その時代にしては比較的大きな町があったということだ。

千葉県から利根川を渡って茨城県に入り、最初の駅。その場所は、利根川を渡る橋梁からホームまでがそのままひと続きになっているように見えるほど、川岸ギリギリに設けられている。

どういう意味で境界駅なのかというと、正岡子規はまったく関係がない。都心方面から取手駅までが直流電化、取手駅から水戸方面は交流電化という、つまりは電化方式の境界になっている。これには明確な理由がある。沿線の茨城県石岡市に気象庁地磁気観測所があり、直流電化だと観測への影響が生じてしまうから。同様の理由で、つくばエクスプレスも守谷駅を境に電化方式が異なっているし、関東鉄道常総線にいたっては電化そのものをあきらめて非電化のままで営業を続けている。

そういうわけで、電化方式の境界駅、という点についてはこれ以上書くことはない。むしろ重要なのは、この電化方式がもたらしている〝境界〟のほうだ。常磐線は、取手駅までが複々線になっている。いわゆる緩急分離の複々線で、快速線を走るのは取手止まりの快速と交直流の境界を越えて土浦・水戸方面を目指す中長距離列車。そして、緩行線側には各駅停車が東京メトロ千代田線から直通してやってくる（実際には日中はほとんどが手前の我孫子駅発着なので、地下鉄直通列車の取手駅乗り入れは少ない）。

そうした事情があるからか、取手駅は北関東三県にありながら唯一の電車特定区間に含まれる駅にもなっている。ちょうど千葉県と茨城県の境界近くにあるということもあわせて考えれば、取手駅は首都圏とその外側の境界の駅、ということもできるのかもしれない。

いずれにしても、取手駅は鉄道会社の都合ではどうにもならない事情による電化方式の境界駅であり、それが故に運行形態から何から、あらゆる意味で境界という役割を与えられている駅といっていい。取手駅、という存在は、首都圏の鉄道ネットワークにおいて重きを成しているといっていい。

ところが、そんな駅の周りに広がる町が、実は鉄道が開業する以前から栄えていた。これはどういうことなのだろうか。答えを出すためには、まずは取手の町を歩かねばならない。

南北に線路が通っている取手駅。その中心市街地は東口側に広がっている。

西口側も駅前にペデストリアンデッキが広がっていて、かつて取手とうきゅうが入っていた商業ビルに直結している。平成の初め頃に、取手市が１０３億円を投じた再開発ビルだという。が、取手とうきゅうは２０１０（平成22）年に閉店してしまい、その跡にはスーパーマーケットやパチンコ店が入っている。西口駅前では目下再開発の工事中のエリアもあり、これから取手の玄関口として生まれ変わろうとしているのだろうか。ただ、少なくとも現時点では、特別賑やかな駅前とは言い難いのが本当のところだ。

反対に、古くからの中心市街地に近い東口はというと、ペデストリアンデッキこそないものの立派な駅前ロータリーを持ち、駅前からまっすぐ伸びる「芸大通り」という目抜き通りもある。その目抜き通りの路地を入ると、昔ながらの飲食店が連なるような小さな歓楽街ゾーンも。長禅寺という古刹の脇を抜けて坂道を下ってゆくと、ひときわ賑やかな県道11号線に出る。

常磐線と垂直に交差し、利根川沿いを通るこの県道11号線が、かつての水戸街道にあたる。取手は、水戸街道の6番目の宿場町であった。取手駅東口から高台を下って川沿いに出たところが、かつての宿場の中心地。少し東に歩くと、かつての本陣も残っている。町並みはどことなく宿場時代の面影を残していて、古い町家もいくつか散見される。取手駅前から下ったところには古い旅館やホテル。これらは、かつての駅前旅館の系譜なのだろうか。

利根川舟運がもたらした、取手宿の大繁栄

かつて、鉄道のない時代には水戸街道を下ってくると利根川を渡し舟で渡り、川沿いの宿場町に着いた。正岡子規が「繁華な町」と称したのもこの取手宿の町並みだったのだろう。明治時代の中ごろにはすでに西洋風の建物もあったというくらいだから、それはかなりのものだ。鉄道がなくとも、人や物が集まり、洋館を建てるほど潤う商いがあったということになる。それは、舟運であった。

取手の町は、江戸時代を通じて利根川の舟運の拠点となる河岸町のひとつだった。元禄時代にはすでに河岸町が成立している。江戸時代半ばの安永年間には幕府公認の河岸になっており、すでにこの頃からたいそうな賑わいだったのだろう。この時代、銚子の港にやってきた東北諸藩の蔵米などは、利根川を遡って関宿付近から江戸川に入り、そこから下って江戸方面を目指していた。

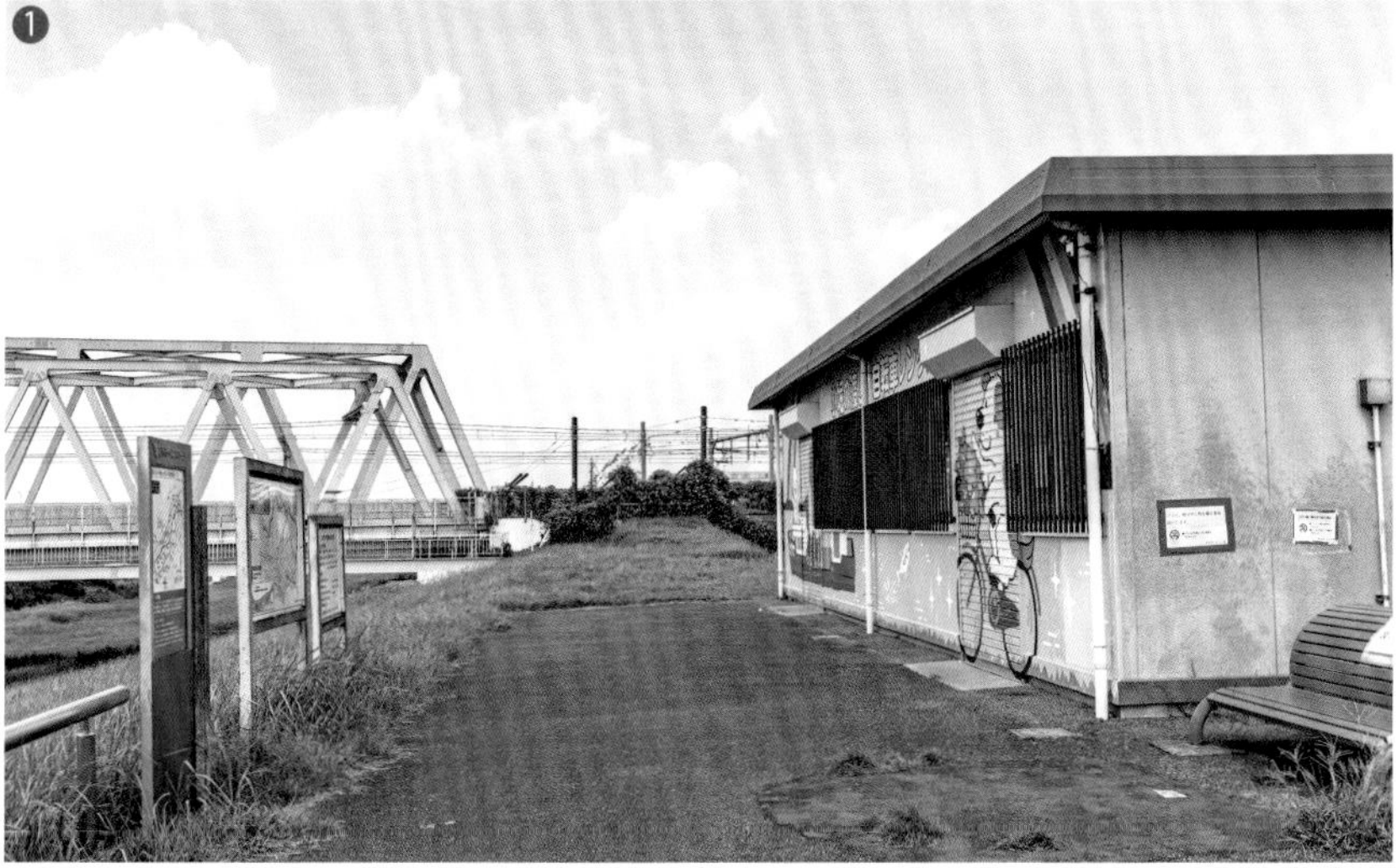

❶利根川の河川敷には「小堀の渡し」。江戸時代以来の渡し舟……ではなく、利根川対岸の取手市の飛び地と連絡する渡し舟だ
❷旧水戸街道、取手宿の町並み。常磐線の線路とは垂直に交わり、利根川沿いに続いている
❸駅の東側にある長禅寺を避けるようにカーブしている駅近くの通り。古い酒屋が右手に見え、町の歴史を感じさせる
❹取手駅東口から旧水戸街道に通じる道の途中には、ちょっとした歓楽街ゾーンも用意されている

明治に入っても利根川舟運の重要性は変わらず、というよりは蒸気船の登場によってますます存在感を高めていった。１８７７（明治10）年には内国通運会社による通運丸が就航すると、翌年からは取手の河岸も通運丸への旅客扱いを開始している。さらに、１８９０（明治23）年には利根運河が完成。それまでは江戸時代のように関宿経由で輸送するか、三ツ堀・野田付近だけ陸運に頼るしかなかったが、利根運河によって東京までの所要時間が大幅に短縮されたのだ。これにより、舟運の町・取手は全盛期ともいえる賑わいを獲得するに至る。正岡子規が取手を訪れたのは、まさにそうした時期にあたる。

１８９６（明治29）年に鉄道が開業し、取手にも駅ができる。鉄道が通ると従来の輸送モードは衰退したという理解が一般的だ。ただ、実際にはそれほど単純な話ではなかったようで、しばらくは舟運も充分に鉄道に張り合っていた。とりわけ米や雑穀、木炭、砂糖、塩などの輸送においては、鉄道とほとんど五分かそれ以上の健闘ぶりだったという。舟運のほうが運賃が安かったというのが大きな理由だ。ただ、ライバルの鉄道が運賃の値下げなどで対抗するようになると、さすがに少しずつ鉄道優位へと移っていった。

なにより、所要時間がまったく違う。取手と東京は、汽船ならば約8時間。運賃は36銭程度だった。それが、鉄道が開業したことで上野～取手間はわずか1時間40分に短縮される。運賃は34銭でほぼ互角だから、鉄道が優位に立つのもあたりまえ。最初は旅客輸送からはじまり、その後は貨物輸送も鉄道へ移ってゆく。

和船から汽船へと移る境目の時代に取手は覇権を得て、それが鉄道の時代へと変わるにあたって覇権を手放した。取手駅近くに残る取手宿の町は、そうした歴史を刻んできた町なのだ。こうして、取手の河岸町は、鉄道に置き換わる形で衰退していった。

これだけみると鉄道は取手の町に悪い影響をもたらしたかのようにみえる。しかし、悪いことばかりではない。鉄道開業直後の１８９７（明治30）年には５００戸ほどだった取手の町は、10年後になると７１４戸に増えるなど発展の足がかりになった。この傾向は戦前を通じて変わることがなく、近代的な町として生まれ変わる中で取手も人口を増やしていく。

その流れが決定的になったのは、戦後になってからだ。１９４９（昭和24）年、ようやく常磐線の松戸～取手間が電化される。すると、上野までの所要時間は約40分にまで短縮されて、東京への通勤圏内の町に躍り出たのだ。

高度経済成長期には茨城県内ではじめての公団アパートが建設され、新たに取手に暮らすようになった東京に通勤する人たちは「いばらき都民」などと呼ばれるようになった。１９６５（昭和40）年には2万６０００人ほどだった人口は、5年後には4万人を超えている。１９８２（昭和57）年には複々線区間の終点になり、地下鉄を介して都心に直結したこともそうした流れに一層拍車をかけた。

ちなみに、すんでの所で複々線になれなかった土浦の人たちは、その延伸を強く求めていた。東京と直結することが地方の発展につながるという時代だったのだ。その当時、直流区間の取手止まりの常磐線快速で使われていたのはエメラルドグリーンの１０３系。鉄道ファンには評判の悪いロングシートの車両だが、これが土浦の人には憧れだった。「青電」などと呼ばれ、「青電の土浦乗り入れを！」と繰り広げた。ただ、それほど大きな運動にもならずにしぼんでしまった。ともに茨城県南の主要都市でありながら、電化方式と複々線の差が、明暗を分けたのである。

ともあれ、こうして取手駅は首都圏の〝境界の駅〟になった。実際にはバブル崩壊とその後の長引く不況などもあって、かつての想定ほどに人口は増えていない。西口の様相を見る限り、〝廃れつつある地方都市〟といった表現があてはまるのかもしれない。つくばエクスプレスの開業で、相対的に取手駅の役割が低下しているのも事実だ。上野東京ラインの開業で、地下鉄直通、つまり都心乗り入れという取手が土浦に勝っていた強みもうすれた。いまや、土浦にもタワーマンションが次々と建つ。

そんな時代の変わり目にあって、取手駅はどうなってゆくのだろうか。交通機関の発展に加えてリモートワークなども広まったいま、首都圏の境界は実に曖昧になっている。そうした中で、かつて河岸町として賑わった境界の町は、岐路に立っているのかもしれない。

鹿島サッカースタジアム

駅が開くときにはサポーターで真っ赤に染まる

Kashima-Soccer Stadium

鹿島臨海鉄道
JR東日本

DATA

境界駅のカテゴリ 会社間境界
所在地 茨城県鹿嶋市
所属路線 鹿島線／鹿島臨海鉄道大洗鹿島線
開業年月日 1970（昭和45）年7月21日
ホーム 1面2線

❶

❸

❷

❹

❺

❶カシマサッカースタジアムには、試合数時間前からサポーターが集まる。2002年にはW杯の舞台にもなった
❷駅西側の空き地は、試合日に限って広大な駐車場に生まれ変わる。試合開始数時間前なので、まだクルマはまばら
❸鹿島サッカースタジアム駅西側の駐車場から跨線橋を渡ってゆくサポーターたち。この跨線橋は、駅からの出入口とともに駐車場と往来する通路にもなっている
❹鹿嶋バイパス(スタジアム大通り)からスタジアム方面を見る。遠くにクルマを停めたサポーターがユニフォーム姿で歩いている
❺駅西側の県道。飯沼街道の旧道にあたり、バイパスの抜け道として交通量も多い

試合日だけに営業する、〝臨時〟境界駅

鹿島サッカースタジアム駅に何があるのか。

この問いは、もはや愚問である。誰に聞いても答えはひとつ。Ｊリーグ・鹿島アントラーズのホーム、カシマサッカースタジアムがあるのだ。それは、もう駅名に書いてある。ちなみに、駅名は漢字の「鹿島」、スタジアムはカタカナの「カシマ」である。

ただ、これで終わってしまってはいくらなんでもつまらない。なのでもう少し突っ込んでみよう。……が、これがまた恐ろしいことに、鹿島サッカースタジアム駅には、スタジアム以外にはほとんど何もないのである。いちおう、卜伝《ぼくでん》の郷運動公園があり、サッカー場や野球場などが集まっている。ただ、これらは事実上、カシマサッカースタジアムに併設されているようなものだ。

つまり、鹿島サッカースタジアム駅は、徹底的に完全に、スタジアムのための駅なのである。

その証拠に、この駅に列車が停まるのは、スタジアムで試合が行われるときだけだ。名目上は、ＪＲ鹿島線と鹿島臨海鉄道の境界駅なのだが、その実質的な役割は鹿島神宮駅が担っている。ＪＲ鹿島線の列車は鹿島神宮駅を終着としているし、鹿島臨海鉄道も鹿島神宮駅を発着して大洗・水戸方面を目指す。ふだんの鹿島臨海鉄道は、鹿島サッカースタジアム駅など目もくれずに通り過ぎてしまうのである。

鹿島サッカースタジアム駅を訪れたのはとある休日、鹿島アントラーズと横浜Ｆ・マリノスの試合当日だった。試合開始の数時間前、まだスタジアムは開門もしていないというのに、すでにたくさんのサポーターの姿があった。

佐原駅で成田線から鹿島線に乗り継ぎ、鹿島神宮駅で臨海鉄道に乗り継ぐ。これが東京方面から鉄道でこの駅にやってくるときの基本的なパターンだ。成田線に乗っているときにはあまり気がつかなかったが、鹿島線となるとすで

に車内はユニフォーム姿のサポーターばかり。マリノスのユニフォーム姿も目立っていたから、もしかすると彼らは横浜方面からやってきたのだろうか。

鹿島神宮駅では対面のホームに停まっている臨海鉄道に乗り換える。4両編成の鹿島線から2両編成の臨海鉄道への乗り換えだから、車内はあっというまに大混雑。たったひと駅、ものの数分とはいえ、サッカー観戦ではなくただの興味本位で乗っている立場としては、だいぶ肩身の狭い思いをさせられた。中には、大洗方面へと乗り通すお客もいたのではないかと思うが、きっと彼らも同じ気持ちで存在感を消していたのにちがいない。

鹿島サッカースタジアム駅に着くと、サポーター勢は一斉にホームに下りる。普段は無人駅（というか列車が停まらないのだから駅員を置く必要がない）だが、このときばかりは鹿島神宮駅から駅員が出張ってきて、ホームの上に臨時改札口を設けている。ICカードもこの駅までは使うことができるので、簡易IC改札機にタッチする人も多い。

そのままホームから階段を登って跨線橋。左に出ればスタジアム、反対の右に出れば、巨大な駐車場が広がっている。公共交通の充実している都市部のスタジアムとは違い、せいぜい1時間に1本程度の臨海鉄道しかやってこないカシマサッカースタジアム。なので、鉄道ではなくクルマで観戦に訪れる人も多い。そのため、駅（スタジアム）の周りには、駅と同じようにこのとき限りの臨時駐車場が設けられるのだ。

この駐車場の間を抜けると、県道242号が通っている。2車線のそれほど広くない道だが、交通量はかなり多い。この道を渡った先にも臨時の駐車場があるようで、ひっきりなしに通るクルマの合間を縫ってサポーターたちがスタジアムへとやってくる。そのすぐ傍らに、厳しい表情で立っていたのが、茨城県警のおまわりさんだ。

なんでも、目の前の交差点を歩行者が渡ろうとしていても、停車せずにあまつさえアクセルを踏み込むドライバーまでいるのだとか。だから、事故が起こらないようにおまわりさんが見張りをしているという。線路とスタジアムを挟んで東側の国道51号では、昨年死亡事故もあったとか。「こっちのクルマはね、マナーが悪くて困るんですよ」とは、苦り切った表情のおまわりさんの言葉である。

工業地帯の造成とアントラーズがすべてを変えた

スタジアムの外周に溢れかえるサポーターの間を抜け、国道51号に出る。

国道51号は、「スタジアム大通り」の名で呼ばれるバイパスで、スタジアムの完成に合わせて一部区間が供用を開始し、さらに２００２（平成14）年の日韓W杯にあわせて全線開通した新しい道路だ。ルーツは水戸と銚子を結ぶ飯沼街道。スタジアム駅の西側にあった、交通量の多い2車線の県道が旧道にあたる。さらにさかのぼれば、県道の西側に一筋の細い裏道があって、これが元祖・飯沼街道だった。

こんどはバイパス沿いを南、つまり鹿島神宮方面に向かって歩く。神向寺と呼ばれる一角は昔からの集落があるようで、大きく古い戸建て住宅がいくつも並んでいる。家の前にはアントラーズのユニフォームに身を包んだおばあちゃんが、これまたアントラーズの小旗を振っている。さすがサッカーの町、サポーターの熱はここまでなのか……。と思ったら、このおばあちゃんたちはクルマでやってくる人たちに家の庭先を臨時の駐車場として貸し出しているようだ。いわば、臨時の小遣い稼ぎである。

この臨時の駐車場はかなり広い範囲にあるようで、バイパス沿いにも点々と。遠くに停めれば料金は安いが、長い距離を歩かねばならぬ。近くまで粘れば料金は高くなり、埋まっていたら悲劇である。そんな駆け引きを、サポーターたちは試合前に繰り広げている。

ちょうど臨時の駐車場が途切れた辺りで、バイパスは鹿島臨海鉄道をオーバーパスしている。そして、臨海鉄道もこの場所でもうひとつの線路を分ける。海沿いの鹿嶋市から神栖市にわたって広がる鹿島臨海工業地帯に向かう、貨物専用の鹿島臨港線である。

いまや、鹿島臨海鉄道といえばこのカシマサッカースタジアムへのアクセス路線、そして何より大洗を中心とする

❶鹿島神宮の大鳥居。蝦夷平定に際して藤原氏の氏神として崇められた。アントラーズの名前の由来は、鹿島神宮の鹿からだ
❷鹿島臨海鉄道鹿島臨港線の線路。臨海鉄道のルーツにして鹿島にはじめて通った鉄道だが、いまは1日3往復の貨物列車しか走っていない
❸飯沼街道の旧・旧道。県道が整備される以前はこちらが本道だった。古い住宅などもあり、往年の風景がしのばれる
❹鹿島神宮駅前の高台には鹿島出身の剣豪・塚原卜伝の像。スタジアム周辺の卜伝の郷運動公園の名も、塚原卜伝にちなむ
❺鹿島神宮参道の一角にある「鹿島アントラーズ栄光の碑」。常に上位を争う強豪・アントラーズの歴史が刻まれている
❻鹿島神宮駅が、実質的なJR鹿島線と鹿島臨海鉄道の境界駅になっている。駅から鹿島神宮までは徒歩で15分ほど

観光路線としてのイメージが強い。しかし、本来は貨物輸送を主たる役割とする鉄道であった。

鹿島一帯は、鉄道の開業が実に遅れた地域のひとつだ。１９２２（大正11）年の改正鉄道敷設法別表には、水戸〜鉾田〜鹿島間の予定線が挙げられている。これが臨海鉄道として結実するのだが、開業はなんと１９８５（昭和60）年になってから。その15年前の１９７０（昭和45）年には国鉄鹿島線が開業して鹿島にはじめて鉄道が通っているが、それにしても遅すぎる。

だから、鹿島は交通の便にまったく恵まれない陸の孤島だった。状況が変わったのは、１９６０（昭和35）年。鹿島灘に面する鹿島砂丘一帯を工業地帯に生まれ変わらせる、鹿島臨海工業地帯の構想が発表されたのだ。約１万ヘクタールもの工業地帯が１９８０（昭和55）年までに完成した。中核を成す工場のひとつ、住友金属工業鹿島製鉄所も１９６８（昭和43）年に操業を開始している。

この新たに生まれた大工業地帯の貨物輸送を担う路線として、設立・開業したのが鹿島臨海鉄道と国鉄鹿島線だ。１９７０（昭和45）年7月に、まず鹿島臨海鉄道の鹿島臨港線が開業する。その区間は北鹿島〜奥野谷浜間の19・2㎞。次いで同年8月には国鉄鹿島線が鹿島神宮駅まで開業し、11月には鹿島神宮〜北鹿島間が開業。これによって、臨海鉄道と国鉄の線路がつながった。このとき、境界駅になった北鹿島駅が、現在の鹿島サッカースタジアム駅だ。

貨物専用で開業した鹿島臨港線は、１９７８（昭和53）年に旅客営業を開始している。成田空港へのジェット燃料輸送を行うことに対するいわば〝見返り〟だった。このとき、はじめて北鹿島駅、現在の鹿島サッカースタジアム駅に旅客列車が乗り入れた。ただ、取り立てて周囲に何もなかったこの駅に、旅客列車が停車することはなかった。さらに、１９８３（昭和58）年にジェット燃料輸送がパイプラインに切り替えられると、旅客営業そのものも廃止されてしまう。鹿島臨港線の旅客輸送は、それ以来いままで行われていない。

そして、１９８５（昭和60）年には純粋な旅客路線として大洗鹿島線が開業する。このとき、改めて北鹿島駅は鹿島線と臨海鉄道の境界駅になる。しかし、旅客列車が通過する境界駅、という状況が変わることはなかった。鹿島の鉄道が、旅客輸送ではなく貨物輸送を前提として建設されたがゆえに生まれた、〝通過する境界駅〟である。

そんなしがない境界駅も、鹿島アントラーズの誕生で運命が変わる。アントラーズは住友金属蹴球団が前身で、発足時には関西に拠点を置いていた。鹿島臨海工業地帯に住金の事業所が置かれることになり、１９７５（昭和50）年にチームも鹿島に移転。以後、鹿島を拠点とする実業団チームとして活動を続けていた。ただ、お世辞にも強豪とは言い難く、Ｊリーグ発足時にも日本サッカーリーグの2部チームだった。

そのため、のちのチェアマン・川淵三郎は「住友金属が加盟する確率はほとんどゼロ」とまで言っている。半ば諦めさせるための条件として提示したのが、1万5０００人収容のスタジアム。ところが、茨城県はその建設を確約し、実に82億円もかけてカシマサッカースタジアムを建設。晴れてＪリーグへの加盟を果たしたのだ。

Ｊリーグ元年、開幕直前に完成したスタジアムは、こけら落としのゲームでジーコがゴールを決めている。公式戦の開幕戦でもジーコがハットトリック。そのまま勢いに乗って1ｓｔステージを優勝。アントラーズは人気・実力を兼ね備えたクラブになった。アントラーズが年間順位で10位以下に沈んだのは、わずか一度だけである。

このアントラーズの登場が、北鹿島駅を変えた。ちょうどスタジアムは駅の東側。せっかく北鹿島駅があるのに、お客が乗り降りできないのではもったいない。そこで、4億円近いお金をかけてホームを新設。Ｊリーグ2年目の開幕にあわせ、１９９４（平成6）年3月から臨時駅として営業を開始した。鹿島サッカースタジアム駅に改称したのも、このときからのことだ。

こうした歩みをみると、鹿島サッカースタジアム駅はただの〝ちょっと変わった境界駅〟で済ましてはいけないのではないかと思う。陸の孤島だった鹿島に生まれた工業地帯。そこに新たに鉄道が通り、鹿島の町がサッカーの町という新たな個性を獲得したことで、試合日だけに営業する臨時駅に昇格した。鹿島アントラーズの誕生もまた、工業地帯がもたらしたものだ。

だから、鹿島サッカースタジアム駅は、鹿島という町が歩んできた歴史そのものを象徴する駅なのである。

栗橋

Kurihashi

宿命のライバルが手を結んで生まれた境界

東武鉄道
JR東日本

DATA
境界駅のカテゴリ 会社間境界
所在地 埼玉県久喜市
所属路線 東北本線／東武日光線
開業年月日 1885(明治18)年7月16日
ホーム 2面3線(JR)、1面2線(東武)

❶栗橋駅東口。わかりやすいロータリーがあるわけではないが、タクシーのりばなどもある駅前広場だ
❷栗橋駅東口の商店街。アーケード商店街などがあるわけではないものの、広範囲にわたって商店が続く
❸栗橋の商店街は、かつて夜バザーなどによって集客に努めて注目されたこともあった
❹西口は東口とは雰囲気がやや違い、比較的新しい町並み。駅前は駐車場が目立つ
❺利根川沿いまで15分ほど歩けば、旧日光街道の栗橋宿。利根川舟運と結びついて繁栄した過去を持つ
❻駅のすぐ近くにあるのは静御前の墓。静御前は源義経の側室で、京でも随一の白拍子として知られた美女だったとか

東武か国鉄か――日光を巡る戦いの日々

栗橋駅が何かの境界駅であると意識する人は、ほとんどいないのではないかと思う。路線図を見れば、栗橋駅ではただＪＲ宇都宮線（東北本線）と東武日光線が交差しているだけの駅だ。ＪＲに乗れば北は小山、宇都宮。東武に乗れば栃木・鹿沼・日光に向かう。だから、栗橋駅は実態としてはただの乗り換え駅に過ぎない。

その上、乗り換え駅としてもいささか存在感が薄い。東京方面に向かう人が栗橋駅でＪＲから東武に乗り換えると、そのまま地下鉄に直通して都心に乗り入れることができる……と思ったら大間違い。栗橋駅を通る東武の電車は、お隣の南栗橋駅を越えては走らない。東武日光線の地下鉄乗り入れは、南栗橋駅より南側だけに限られているのだ。

だから、このあたりのＪＲ線から東武への乗り換え客は、久喜駅を使う。町としても駅としても、久喜駅の方が大きい。久喜駅の周りには商業エリアとマンションがあるが、栗橋駅はそのあたりにおいても劣っているといわざるを得ない。そういう意味で、久喜・南栗橋・栗橋とこのあたりの要所の駅を並べたとき、いちばん存在感が薄いのが栗橋駅だといっていい。栗橋駅の駅前には小さな商店街と昔ながらの住宅地が少々あるばかり。栗橋駅は、それくらいに小さな駅なのだ。

しかし、ある一点に的を絞れば、栗橋駅は実に大きな意味を持つことになる。国鉄と東武による、日光を巡る熾烈な戦いである。

日光は古くから〝特別な場所〟であった。神君家康公を祀る東照宮からして江戸時代に重視されたのはとうぜんのこと。日本橋を起点とする五街道のひとつに日光街道が含まれているのは、日光を重視していたことの現れだ。明治に入ると徳川家康を神君などと崇めるのは憚られるようになるが、中禅寺湖などの奥日光の風光明媚さも相まって、外国人の避暑地として人気を博すようになる。明治のはじめ、まだ鉄道が横浜～新橋間にしか通っていなかった１８７３（明治6）年には日光金谷ホテルも開業している。

そんな日光にはじめて鉄道がやってきたのは、１８９０（明治23）年のこと。日本鉄道によって、宇都宮～日光間が開業する（現在のＪＲ日光線）。日光への行楽客輸送を目的としていたことは明らかだ。以後、おおよそ30年ほどにわたって日光への輸送は日本鉄道、そしてそれを引き継いだ国が独占することになる。

そこに楔を打ち込んだのが、東武鉄道だ。東武は日光への路線建設をもくろみ、１９１２（明治45）年に佐野鉄道を買収している。佐野鉄道を延伸する形で、館林・佐野・葛生・鹿沼経由の日光ルート建設を考えていたからだ。結果的に山間部を越える工事の難航が予想されたことなどもあって日の目は見なかったが、東武は改めてルートを変えて日光を目指す。杉戸駅（現・東武動物公園駅）で伊勢崎線と分岐し、栃木・鹿沼を経て日光に向かう、現在の東武日光線である。１９２９（昭和４）年に全区間が開業している。

東武日光線開業のインパクトはあまりに大きかった。まだまだ国鉄日光線が蒸気機関車に頼り、上野から日光まで4時間以上かかっていた時代に、東武日光線はなんとハナから全線複線電化。速達性、輸送力、どちらをとっても圧倒的に東武が有利であった。東武日光線は、ちょっと手の届かない観光地から、東京から日帰りもできる観光地へと日光を変えたのだ。

東武日光線の開業によって、日光輸送の覇権を手にした東武鉄道。戦後もその座を確かなものにするべく、１７００系ロマンスカーの投入などを進める。１７００系によって、浅草～東武日光間の所要時間が１１９分、つまり〝2時間の壁〟突破に成功している。

しかし、国鉄も負けてはいない。１９５６（昭和31）年、国鉄はキハ55系を投入。上野～日光間直通の準急「日光」が走るようになり、上野～日光間の所要時間は東武に肉薄する１２５分まで短縮したのだ。さらに、１９５９（昭和34）年には日光線の電化も完成。前年に電化していた東北本線とともに、上野～日光間の直通電車準急「日光」

に衣替え。「日光型」などと呼ばれ、特急なみの設備を有する157系は、まさに東武への対抗意識から生まれた車両であった。

157系「日光」は、上野〜日光間を110分で結ぶ。この時点で、東武日光線は後塵を拝することになる。特急なみのサービスなのに準急だから割安感があり、東武は厳しい戦いを強いられる。この時点で、日光輸送の覇権は国鉄に移ったのであった。

そこで巻き返しを図るべく、東武が投入したのが1720系デラックスロマンスカー。最高速度のアップと車内設備のグレードアップによって、国鉄に奪われたお客を奪い返す。かくして、1962（昭和37）年にデビューした1720系は、浅草〜東武日光間を106分で結び、国鉄に対する優位性を再び取り戻すことに成功したのだ。

その後、国鉄は赤字にまみれて東武に対抗する力を失ってゆき、1982（昭和57）年には急行「日光」の廃止によって国鉄日光線から優等列車は消滅する。日光を巡る戦いは、東武の完全勝利に終わったのである。

なお、栗橋駅は日本鉄道（東北本線）・東武日光線どちらも開業時点から駅が設けられている。とくに、1929（昭和4）年の東武日光線開業時には、ライバル同士の乗り換え駅となった。ただ、ここまでは特に意識されることもない小駅に過ぎない。栗橋駅が大きな意味を持つのは、もっと後になってからのことだ。

利根川の河岸町と宿場町、栗橋は昔から……

時は流れてバブル崩壊、そして長引く平成不況。観光地はどこも冬の時代に入る。日光も例外ではなく、1990（平成2）年度には年間800万人ほどの観光客があったが、徐々に低迷。1999（平成11）年の世界遺産登録でわずかに持ち直すものの、すぐに減少傾向に戻ってしまい、平成20年代に入っても年間600万人程度で推移するようになる。日光とともに東武が観光の柱として開発した鬼怒川温泉はもっと厳しく、1993（平成5）年度の年間

❶利根川を渡ると茨城県。交通量も多く、昔も今も栗橋付近は交通の要衝である
❷移転前の栗橋駅舎は、しばらくタクシー会社の車庫として使われていたという。が、いまはほぼ完全な廃屋だ
❸坂東太郎・利根川を渡る東北本線。この先では渡良瀬川が利根川に合流しており、河川交通の要衝でもあった
❹旧駅舎と現駅舎をつなぐ線路沿いにもちょっとした繁華街ゾーン。夜になれば帰宅前に一杯ひっかける人たちで賑わうのだろうか

宿泊数341万人が、2004（平成16）年には220万人にまで減少してしまった。

日光や鬼怒川は山間部の観光地で、二次交通という課題もあった。そのため、マイカー利用が増えて鉄道利用の減少を招いていた。日光線の特急に至っては、料金の値下げによって定期券利用者を増やして座席を埋める、という観光路線にあるまじき状態に陥っていたのだ。

そこで登場した奇策が、JRと東武を直通する特急列車の運転であった。

2006（平成18）年3月から、新宿〜東武日光・鬼怒川温泉間に1日4往復。「日光」「きぬがわ」と名付けられた。話を持ちかけたのは東武側で、旧敵（といっても国鉄時代のお話である）からの頼みにJRもすんなり応じたという。鉄道会社同士で競い合う時代は終わり、ともに手を携えてマイカーなど他の輸送モードに対抗していかなければならない、ということなのだろう。

そして、このときに〝境界駅〟として重要な存在に躍り出たのが、栗橋駅である。

東北本線と東武日光線がともに乗り入れている栗橋駅が直通特急の相互乗り入れ駅に選ばれ、合計16億円もの費用をかけて連絡線が設置された。「日光」「きぬがわ」は栗橋駅に停車することはない（厳密に言えば旅客扱いはしない）のだが、紛れもなく栗橋駅が〝境界駅〟になったのだ。

なぜ栗橋駅が、というと、たまたまそこに両社の線路が並んでいる乗換駅があったから、という以上に理由はなかろう。JRと東武の直通特急において、栗橋駅は重要な存在ではあるものの、かといって栗橋という駅や町との関わりはほとんどないといっていい。

しかし、栗橋という町の立場に立てば、あながち唐突なできごとでもなかったのかもしれない。

というのも、栗橋は古くから交通の要衝としての歴史を刻んできた町だからだ。

東北本線は、栗橋駅のすぐ北で利根川を渡る。ちょうど、渡良瀬川と利根川の合流地点近くである。利根川を渡ると茨城県に入り、すぐにまた栃木県へ。つまり、栗橋駅があるのは埼玉県・茨城県・栃木県の三県境のすぐ近く、というわけだ。１８８５（明治18）年に栗橋駅が開業した時点では、利根川を渡る橋梁がまだ未完成。橋梁ができるまでの1年ばかりは、鉄道連絡船が就航していたという。

また栗橋は、江戸時代には日光街道の宿場町であった。利根川は船で渡り、栗橋側には関所も設けられていたという。さらに、町の東を流れる利根川の舟運とも結びついて河岸町としても栄えた。１８７７（明治10）年には内国通運会社による蒸気船「通運丸」も栗橋にやってくるようになった。鉄道開業後もしばらくは舟運の拠点としての役割は続いたようだが、物資輸送も旅客輸送も徐々に鉄道に取って代わられて衰退する。

旧栗橋宿の町並みは、栗橋駅東口からさらにずっと東に向かって歩いた先にある。神社仏閣もところどころにあり、町並みはいかにも旧宿場町らしい懐かしさが漂っている。そのすぐ東側の堤防の向こうには、利根川が流れる。

駅と宿場町の間を結ぶ通りは2本だ。郵便局などがある南側がいまのメイン通りなのだろう。ただ、もうひとつ北側にも、どことなく昔ながらの雰囲気を残した道がある。その道を宿場町から線路に向かって歩いて行くと、いかにも古い駅舎らしい建物が見えてくる。

実は、栗橋駅はカスリーン台風の影響などから１９５１（昭和26）年に２００ｍほど南に移転している。つまり、北側にある建物は、移転前まで使っていた旧駅舎、というわけだ。旧駅舎と現駅舎の東口までの間には、プチ歓楽街ゾーン。70年の時を超えてふたつの駅舎を結ぶ、タイムスリップ商店街とでもいうべきか。

ともあれ、利根川舟運と結びついて交通の要所を担ってきた栗橋の町にしてみれば、ＪＲと東武が直通する駅になったとて、何の不思議もないといったところだろう。

栗橋駅を介するＪＲ・東武の直通特急。２０２３（令和5）年のダイヤ改正では、1日4往復から2往復に減便されてしまった。もしかすると、近い将来廃止になってしまうのかもしれない。直通特急、便利なのは便利だが、ＩＣ乗車券で入出場できないという、いまの時代には痛恨の弱点を持っている。今後は果たしてどうなるか。きっと、どんな未来でも、栗橋の町は翻弄されることなく静かに見守り続けるのだろう。

黒磯

御用邸の玄関口も担った「宇都宮線」の終端

Kuroiso

交流電化 ↔ 直流電化

DATA

境界駅のカテゴリ 電化方式の境界

所在地 栃木県那須塩原市

所属路線 東北本線(宇都宮線)

開業年月日 1886(明治19)年12月1日

ホーム 3面5線

❶黒磯駅貴賓室の入り口を見る。2005年に使われたのがいまのところ最後の機会だ
❷原街道沿いには黒磯神社。黒磯の地名の由来は那珂川の川岸が海岸に似ているから、という説がある
❸線路と垂直方向に西に向かう中央商店街から南に行けば矢板、宇都宮。北に向かえば白河の関だ
❹那珂川は那須岳を源流に水戸市内を経て大洗で太平洋に注ぐ。上流域の黒磯駅近くでは、川釣りを楽しむ人も。奥に見える線路は手前が新幹線、奥が在来線

まったくの原野に生まれた那須地域北部のターミナル

宇都宮線という路線愛称が定着してずいぶん経った。東北本線のうち、上野〜黒磯間を「宇都宮線」と呼ぶようになったのは、１９９０（平成２）年のことだ。当時の栃木県知事がＪＲ東日本に提案したことがきっかけで名付けられたという。

言われてみればこの宇都宮線という愛称はうまくできている。大宮駅で分岐する相手は高崎線だから、それと対になっているということがよくわかる。また、かつての東北本線のように長距離列車がバンバン走る類いの大動脈ではなくなっていて、いまや通勤通学路線としての役割がほとんどになっている。「東北」というネーミングはもはや実態に即していないのだ。

そうしたことを踏まえると、東京と北関東最大の都市である宇都宮とを結ぶ路線にふさわしい名前は、「宇都宮線」以外にはないといっていい。なかなか定着しない路線愛称も少なくないし、実際に同時期に使われた「Ｅ電」の愛称は気がつけば死語になっていた。そんな中で、宇都宮線という愛称がここまで確かなものになっているあたり、よくできた愛称であることに疑いの余地はない。

ただ、ここで忘れてはいけないことは、宇都宮線の末端は宇都宮駅ではなく、黒磯駅であるということだ。以前は都心から宇都宮を越えて黒磯までの直通列車もあるにはあったが、いまはもうほぼ完全に宇都宮駅を境に系統分離されている。宇都宮駅を跨いで走る列車は、早朝に小山発黒磯行の下り列車が１本あるだけだ。

だから、宇都宮〜黒磯間は、同じ「宇都宮線」区間にもかかわらずそこから分離され、それでいて東北本線にも戻れないという、なんとも微妙な立場に立たされてしまった。ただ、実態に即して言えば、それでもまったく変わっていないことがひとつ。宇都宮線終端の黒磯駅は、直流電化と交流電化の境界駅、ということだ。実態はともあれ、黒磯駅は、鉄道ネットワークにおいては首都圏の外縁、首都圏とその外側を隔てる境界の駅なのである。

黒磯駅は、１８８６（明治19）年に当時の日本鉄道の駅として開業した。黒磯村の住民たちが全村をあげて駅設置の運動を繰り広げた結果の開業だったという。開業時の黒磯駅周辺は、黒磯の集落からは遠く離れた草刈場。民家もなにもないような原野にぽつんと駅ができた。ちょうどすぐ北側を那珂川が流れ、その先は那須山麓の丘陵地越えを控えていたということも、駅設置を後押ししたのだろう。

事実、黒磯駅には開業と同時に機関庫や保線区も設けられ、早くから〝鉄道の町〟の様相を呈した。黒磯駅開業の約半年後、１８８７（明治20）年には黒磯～郡山間が延伸開業しているが、これが16～25‰の急勾配が連続する難所だった。黒磯駅は補助機関車の連結が行われるなど、白河・郡山への山越えを控えた拠点として位置づけられたのだ。

ただ、難所の黒磯～白河間の旧線は１９２０（大正９）年に新線に切り替えられる。これによって勾配が緩和されて補助機関車の必要もなくなり、翌１９２１（大正10）年に機関庫と保線区は白河に移転してしまう。駅で働く職員も90名ほどから40名ほどに減らされるなど、このときに運転の拠点としての役割はほぼ失われてしまった。

それでも、不毛の地だった駅周辺の市街化はいち早く進んでいる。民家0軒からはじまった黒磯駅前には、１９０５（明治38）年には５００戸ほどの民家が建ち並び、駅前商店や旅館なども生まれていたという。開業直後の〝山越えの拠点〟だった時期に、停車時間を利用して弁当の立ち売りなども行われていたようで、それが駅前市街地の発展の足がかりになったのだろう。

もともと黒磯駅周辺には、原街道という街道が通っていた。ただ、メインストリートはより東側の奥州街道。原街道は会津藩が江戸に米を運ぶための専用道に過ぎず、街道筋に町が生まれるようなものではなかった。東北本線が中央を通る那須野が原は、水に恵まれない扇状地であり、江戸時代まではただの原野に過ぎなかったのだ。それが明治に入ると本格的な開拓が進み、那須疎水が開かれて大規模農場が生まれてようやく発展を見た。そうした時期と、黒磯駅開業の時期がちょうど一致したことも、市街地の形成を促したことはまちがいない。

駅を中心とした黒磯の発展は、行政区画にも現れている。開業時点では黒磯駅は東那須野村にあったが、市街地形成などによって分立、１９１２（明治45）年に黒磯村が成立したのだ。さらに黒磯村は戦後の１９５５（昭和30）年に東那須野村などと合併して黒磯町となり、１９７０（昭和45）年には黒磯市に昇格している。東那須野村からすれば、ひさしを貸して母屋を取られるといったところか。いずれにしても、黒磯駅は早い段階から那須野が原北部の中心ターミナルとしての地位を確立していた。

１９２６（大正15）年、那須高原は那須湯本温泉に那須御用邸が設けられる。黒磯駅も同年に貴賓室を設けるなど駅舎をリニューアル。以後、那須高原の観光開発も進み、黒磯駅はその玄関口として発展するようになり、１９５９（昭和34）年には黒磯駅までの直流電化も完成している。

黒磯が交直流の境界になったのは、黒磯が東京方面からの地域輸送列車の〝北限〟と判断されたことが大きい。直流電車を用いて那須高原の玄関口に直通できる、というメリットが、黒磯駅を境界駅にしたのだろう。それが結果としてのちに「宇都宮線」の終点になったのだから、電化方式の境界も侮れない。

こうして那須高原の観光地化とともに戦後も発展を続けた黒磯駅だったが、東北新幹線の開業で状況は大きく変わる。１９８２（昭和57）年に東北新幹線が開業すると、那須地域では那須塩原駅が停車駅に選ばれた。もともとは東那須野駅といい、黒磯駅と比べてもスケールの劣る小駅だった。しかし、新幹線の開業によって那須高原の玄関口という役割は、すっかり那須塩原駅に奪われてしまったのだ。

なぜ黒磯に新幹線駅が設けられなかったのか。それは、那須野が原の南部にもうひとつ、西那須野駅という塩原温泉などへの玄関口を担うターミナルがあるからだ。西那須野、黒磯のどちらに新幹線の駅ができても角が立つ。そこで、中間の小駅だった東那須野駅に白羽の矢が立ったのだろう。

以後、那須高原を訪れる観光客はもちろん、那須御用邸で静養する皇族も黒磯駅ではなく那須塩原駅を使うようになった。そして、黒磯は那須野が原の北の端、小さな在来線の駅に戻ったのである。

❶駅前には長い行列ができる人気店。玄関口の役割を失っても、決して衰退したわけではないのだ
❷中心市街地には昭和の観光地の玄関口らしい風景も残る
❸駅前から目抜き通りを進んだ先には、旧国道4号。奥州街道を継承する国道は、バイパス完成までは黒磯の市街地を抜けていた
❹黒磯駅前通りには古い町家のような木造の建物も。明治時代に駅が生まれてから形成された市街地だ
❺黒磯駅東口。駅の東西は改札外の跨線橋で結ばれている。西口とは違ってこちらにはバスのりばはなく、周辺は静かな住宅地
❻かつては機関庫も置かれ、補助機関車を連結するなど輸送の拠点だったこともある黒磯駅構内。左奥には新幹線の高架が走り、写真奥側には交直流のデッドセクション

若いカップルの姿も目立つ黒磯の町

……などという歴史を踏まえた上で、黒磯駅を訪れた。

東京から黒磯までは、在来線だとざっと3時間。ただ、新幹線を使って那須塩原駅から在来線に乗り継げば、所要時間は半分ほどにまで短縮される。東京駅からなら乗り換え回数はどちらも1回。かかる運賃は倍くらいになるから、どちらを選ぶのか、まさに価値観が問われる境界といったところだろうか。ちなみに、「在来線でグリーン車を使えばいいじゃん」と思うかもしれないが、そうすると在来線の〝安さ〟という最大の強みが損なわれるので、ますますなんとも言えないところ。結局、時は金なり、新幹線のスピードには敵わないのではないかと思う。

ともあれ、東京から宇都宮を越えてはるばる黒磯までやってきた。那須塩原駅では観光客がぞろぞろと降りて、送迎のバスやクルマに消えてゆく。温泉に観光牧場、そしてゴルフ場。那須高原は老若男女誰もが楽しめる観光スポットが目白押しだから、客層の幅も実に広い。中でもいちばん目立っていたのは、ゴルフバッグを抱えた良い感じに日焼けをしたおじさんたちであった。

そんな観光客の流れに背を向けて、在来線に乗り継いだ。那須塩原〜黒磯間は在来線でたったのひと駅、5分で到着する。日中も30分に1本ほどのペースで走っているから、実は毎時1本の新幹線「なすの」よりも多い。つまり新幹線から在来線への接続で不便さを感じることもない、というわけだ。

ほんの5分ばかりガラガラの電車に揺られて黒磯の駅。現在の黒磯駅舎は新幹線建設に合わせて建て替えられ、1980（昭和55）年に完成したもの。いまでは使われることはほとんどないというが、それでも立派な貴賓室が併設されている。長らく那須御用邸の玄関口を担ってきた、黒磯駅のアイデンティティのようなものだ。

そんな玄関口の役割を新幹線に奪われて、もう40年が経った。だから、きっと黒磯駅周辺はだいぶ廃れてしまっているのだろうと思い込んでいた。那須塩原からの在来線も空いていたし、かつて駅前旅館や土産物店で賑わった黒磯駅前も、きっとひとけがなくなっているのだろう、と。

しかし、寡聞浅学の極み。黒磯駅前は、若い女性グループやカップルたちの姿も多く、観光客で実に賑わっていたのだ。駅前広場のすぐ脇には、図書館が入った真新しい公共施設。その向かい側には、黒壁のスタイリッシュな店舗の前に若い人たちが長い行列をつくっている。人気のパン屋さんなのだとか。

さらに黒磯の町の中を歩くと、歴史を感じさせる古い建物があるかと思えばそのすぐ脇にはオシャレなカフェや雑貨屋さん。駅前通りを抜けて左に折れて、黒磯市中央商店街という道を歩けば、ますますそうした傾向は強まってゆく。日本人はもとより、外国人カップルも途中の店を冷やかしながら歩いてゆく。このあたりが、少なくともいまの黒磯の中心市街地になっているのだろう。そして、黒磯は決して廃れてなどはいない。若い人たちにとっては、知る人ぞ知る観光スポット。玄関口としての役割を新幹線に譲っても、黒磯はそうした町として活気づいている。

これもまた、よく考えれば納得できる。那須塩原駅はほとんど玄関口としての役割に全振りしていて、駅の周りにはほとんど何もない。そこからバスに乗り継いだりレンタカーを借りたりして目的地に向かう、結節点に過ぎないのだ。その点、那須北部の中心として発展してきた黒磯駅周辺には、古くからの市街地が形成されている。レトロ感もあり、それでいてそうした町並みに溶け込むように新しい店もできている。那須高原や温泉方面へのバスもある。

熱海のようなレトロな温泉地が再び脚光を浴びているのとおなじように、黒磯も新幹線のターミナルにはならなかったからこその、唯一無二の個性を獲得していると言うことなのだろう。

最後に、線路と並行している原街道を那珂川に向かって歩いた。その途中、「黒磯ブロイラー」という小さな店の前に、開店を待つ行列ができていた。聞けば、唐揚げや手羽先が実にウマいと評判で、遠方からわざわざ来る人もいるのだとか。もしかすると、こんな簡単にまとめてはいけないくらい、黒磯は奥深い魅力を持った町なのかも知れない。それもこれも、黒磯駅とその町が重ねてきた歴史の集大成なのである。

峠

Toge

東北の脊梁山地、その名の通りの峠を越えて

日本海側 ↔ 太平洋側

DATA

境界駅のカテゴリ 分水嶺
所在地 山形県米沢市
所属路線 奥羽本線
開業年月日 1899(明治32)年8月1日
ホーム 1面2線

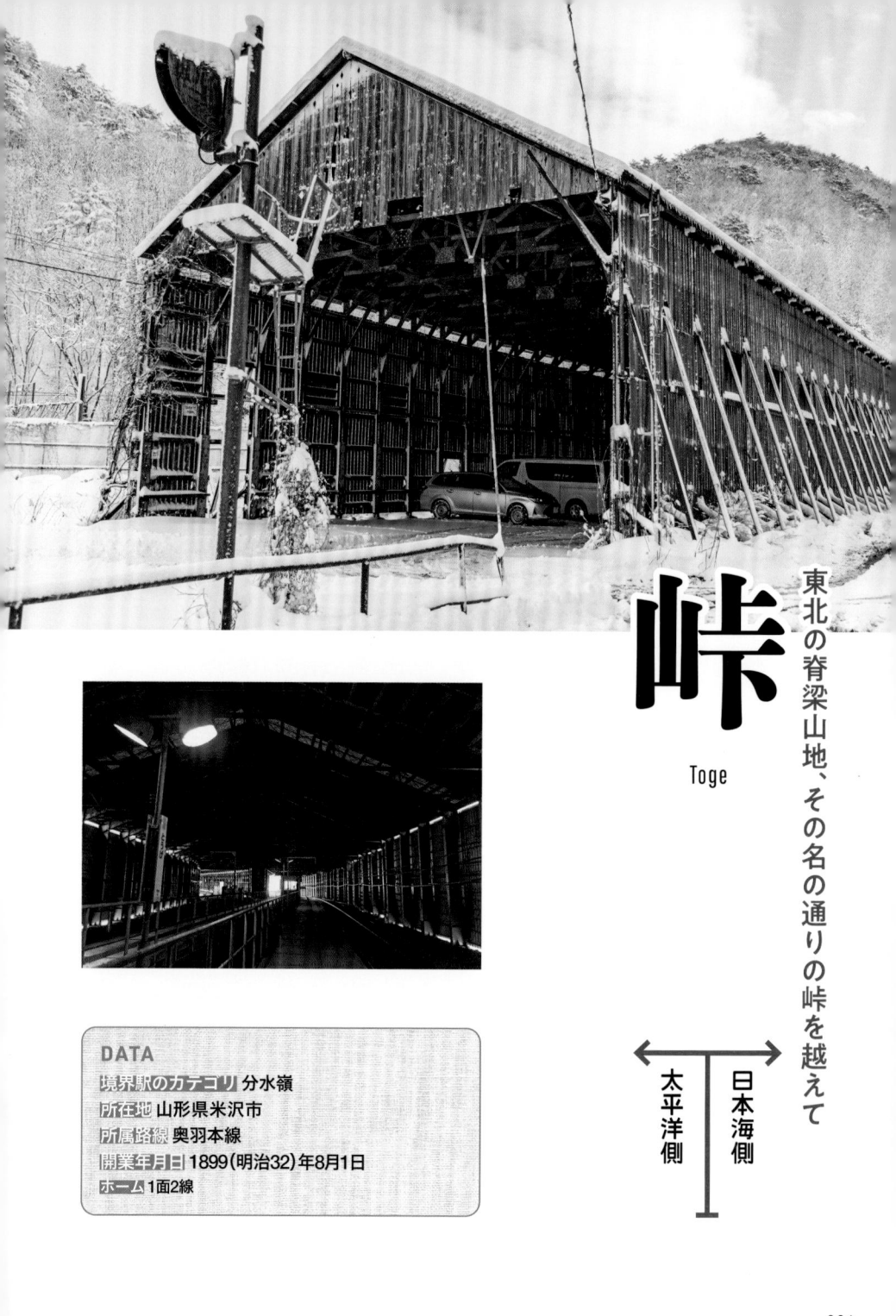

❶板谷トンネルを抜けたところに峠駅。ホームからもトンネルの口がすぐそこに
❷右側が本線で左側がスイッチバック時代のホームがあったスノーシェルター
❸スイッチバック時代の遺構がそのままスノーシェルターの下に取り残されている
❹駅前には駅と峠の茶屋以外にも建物が。「ヒ」の意味は果たして……
❺駅のすぐ近くに力餅でおなじみの峠の茶屋。周囲は雪に埋もれている

立ち売りの声が響くスノーシェルター

峠越えの厳しさを実感したことがある人は、いまやほとんどいないのではないかと思う。せいぜい、山登りをしていて険しい山に挑んだときくらいなものだろう。急勾配や九十九折りの道をクルマで走ると気を使うが、〝厳しい〟などという表現はさすがにあてはまらない。鉄道にでも乗ろうものなら、峠などあっというまに通り過ぎてしまうから、苦労どころかお客にとってはまったく快適な旅になる。

しかし、それもこれもひとえに技術の進歩のおかげである。クルマも鉄道もない時代、人は歩いて峠を越えていた。体力こそ現代人よりあっただろうが、それにしてもあまりに険しい道のりだったに違いない。大名行列ともなると、駕籠を担いで峠を越えていたのだから想像を絶する。しかし、それでも峠を越えなければならない。四方を海に囲まれ、峻険な脊梁山脈が列島の中央を縦断する我が国の宿命なのだ。

そんな辛苦の峠越えの苦労をしのべる駅が、峠駅である。奥羽本線、いまは「山形線」の愛称で呼ばれる福島〜新庄間のうち、福島駅から米沢駅にかけての板谷峠越えの駅のひとつだ。

この区間は山形新幹線も在来線と同じ線路を走っている。ただ、峠越えの山間の小駅に新幹線が停まるはずもなく、それどころか福島〜米沢間の在来線普通列車は1日にわずか6往復しか走っていない。県境、そして福島・米沢の都市間輸送は新幹線任せとなれば、6往復でもむしろ多い方だと思う。

峠駅は福島駅から数えて4つ目の駅。峠越えが始まるのは庭坂駅を過ぎてからで、まずは大きくカーブしながら松川沿いに山中へ。トンネルを出たり入ったりを繰り返し、県境を越えたところに板谷駅がある。県境を跨いでいるから大分水嶺も越えているかと思いきや、むしろこれからが本番だ。

標高755mの板谷峠の地下を板谷トンネルで抜け、そのままスノーシェルターの中に滑り込むと峠駅だ。実際のピークよりも少し低い標高は約６２０ｍ。ここから列車は下り勾配で米沢盆地へと向かっていく。つまり、峠駅は文字通りの峠の駅だ。そして、周囲はまったくの山の中、冬にもなれば完全に雪に埋もれる奥羽山脈のど真ん中の駅である。

ホームは板谷トンネルを抜けてすぐ、スノーシェルターの中にある。スノーシェルターは駅構内のポイントなどを雪から守るために設けられたもので、トンネルの延長のようなものだ。だから、峠駅はなかばトンネルの中の駅といっていい。明かりはホーム上の照明と、米沢方のスノーシェルターの出口から差し込む日差しだけ。一日を通して薄暗い。

上り線と下り線に挟まれた細長い島式ホームから、構内踏切を渡って外に出る……と思っても、もう少しシェルターの中を歩かねばお天道様は拝めない。この駅はもともとスイッチバック構造だった。板谷峠越えは日本鉄道史上屈指の難所だから、スイッチバックもあたりまえだ。ただ、１９９０（平成２）年にスイッチバック設備は廃止されており、それまで使っていたスノーシェルターがまだ残っている。

ついでにいえば、外へと続くスノーシェルターの中には古いレールも取り残されている。広々としたシェルターの中は、古いレールのほかは駐車場として使われているようだ。山中の無人駅とはいえ、設備の保守は欠かせない。峠駅を訪れたときも、何かの保守を担っている作業員たちがクルマに乗ってやってきた。快適な峠越えは、こうした人たちによって支えられているのだ。

そんなシェルターの中を抜ければ外に出る。が、その前にいくつか目に留まるものがある。

まず構内踏切を渡ったところにあるのが観光案内板だ。おお、こんな山奥でも駅があるということは、何か見どころがあるのか……。そんなことを思ってはいけない。観光案内板には、駅の〝近く〟の温泉がいくつか紹介されている。いちばん近いところにあるのが、滑川温泉という。といっても、峠駅からは山道を歩いて実に1時間。一軒宿に宿泊予約をしていれば送迎があるらしいが、そもそも雪が降り始めた時期に訪れたので、営業すらしていなかった。

観光案内板どころではない貼り紙も傍らに。曰く、巡回中のＪＲ東日本の社員が熊に襲われたので気をつけてください、という。とんでもなくおっかない貼り紙だ。１日に６往復、つまり12本しか列車の来ない駅で熊に襲われたら逃げ場はない。潔く、飢えた熊さんのエサになるしかないのか……。

が、そんな熊をも恐れぬ輩もいるらしい。熊警戒の隣の貼り紙に書いてあるのは「シェルターの中でテントを張ってキャンプをしている人がいるけどやめなさい」……。確かにシェルターの下ならば雨風はしのげるけれど、やっていいことと悪いことがある。だいたい、こんなところでキャンプをしたら、本当に熊のエサになっちゃいますよ……。

人のことを心配している場合ではないが、ちょっと怯えながら外に出る。作業員のおじさんに「熊、出るんですか？」と聞いてみたら、「ああ、出ますよ、こんな山の中だから、普通に」とあっさりと返された。もう外は雪景色。だからさすがに大丈夫と信じたい。いや、信じるしかないのだ。

外に出ると、目の前には何やら山奥には不釣り合いな新しい建物が建っていた。そのすぐ脇には、「峠の力餅」。列車がやってくるとホームでの立ち売りもしている、峠駅の名物だ。ちなみに、力餅というのはこの峠駅に限らず全国あちこちの〝峠の茶屋〟にある。歩いて峠を越えていた時代には、てっぺんまで登ってひと休み。そんな旅人たちの疲れを癒やし、まだまだ続く旅に向けて力をつける。そんな役割の峠の茶屋があり、そこでは決まって力餅が提供されていた。現在でも峠駅だけでなく、いろんな峠で見ることができる。

いま、峠駅に停まる電車はスイッチバックをしているわけではないので、ほんの一瞬の停車ですぐに去っていってしまう。だから、現実的には立ち売りから力餅を買うほどの余裕はほとんどない。ただ、スイッチバックをしていた時代はほんの数分ながら停車時間があった。力餅を買うくらいの余裕があったのだ。そんな時代の立ち売りが、いまでも続けられているというのは珍しい。だから、この立ち売りの力餅も、スノーシェルターと同じくスイッチバックの遺構のひとつといっていい。スノーシェルターの中に響く立ち売りの声は、峠越えの厳しさをいまに伝える貴重な〝近代化遺産〟なのだ。

❶駅前から線路方面。囲いで覆われていて見えないが、新幹線も通過する
❷スノーシェルターの脇道をゆくと、コテージのような建物もみえる
❸ホームに列車がやってくると、力餅の立ち売りが現れる。停車時間は1分にも満たない
❹駅から少し離れた山道沿い。日本有数の豪雪地帯で、11月のうちには雪に覆われる
❺駅脇にはいくつかの建物があり、人の営みも感じられる

峠越えの象徴は、かつて鉄鉱石輸送でも活躍

峠駅が開業したのは、1899（明治32）年のことだ。その年、奥羽南線（現・奥羽本線）福島～米沢間が開業している。最初のほんの3か月ばかりは信号場だったが、すぐに駅に昇格している。駅といっても周囲に集落があるわけでもなく、役割としてはほぼ完全に峠越えの拠点駅であった。

なぜこれほど厳しい山の中に鉄道を通し、駅を設けたのだろうか。どうせなら、もっと勾配の緩やかなところはなかったのだろうか。峠駅の周りは力餅の茶屋があるだけで、他にはまったく何もない静謐の雪景色。その中を歩いていると、どうしてもそんなことを考えてしまう。

しかし、歴史的には奥羽本線が通る板谷峠越えは、それなりに意味がある。というのも、もともと板谷峠には羽州街道が通り、米沢藩の参勤交代にも使われていたからだ。明治に入ると、〝土木県令〟の異名を取った山形県令の三《み》島通庸《しまみちつね》によっていわゆる〝萬世大路《ばんせいたいろ》〟、現在の国道13号の旧道が整備される。工事費用の多くを民間に頼り、工事中には殉職者も出すなどかなり強引に道路開削を進めたようだ。

この三島の手法の是非はともかく、なんとしても峠越えの道路を通すべき理由もあった。日本鉄道が建設した現在の東北本線のルートから外れた山形、酒田、秋田方面は、日本有数の米どころ。しかし、鉄道を含めた陸路に恵まれず、需要地である東京や大阪などへの輸送は、江戸時代までと変わらず西廻り航路に頼るほかなかった。もちろん地域の産業発展も後れを取ってしまう。そこで、なんとしても陸路を整備することが急がれたのだ。

さらに、鉄道建設の要請が起こるのも当然だった。

奥羽本線に通じる鉄道の計画は1885（明治18）年頃からはじまっている。そのときは、山形県内の篤志家が発起人となり山形鉄道を設立、日本鉄道福島駅から分岐して酒田に至る計画だった。まだ日本鉄道も宇都宮まで達した

ばかりの時期で、さすがにこれは実現しなかった。その後もいくらかの計画が現れては消え、最終的に1893（明治26）年に奥羽本線の建設が決定している。

板谷峠を含む福島〜米沢間はさまざまなルートが検討され、いったんは最急勾配66・7‰、アプト式を採用することに決している。それを改めて精査し、勾配を33‰程度に抑えてアプト式ではなく普通鉄道での開通が実現した。もっとも赤岩（現在は廃止）・板谷・峠・大沢の4駅続けてスイッチバックを採用し、急曲線とトンネルを繰り返すことになった。首都圏と山形、秋田方面を連絡する大動脈にもかかわらず、これらスイッチバック駅には全列車の停車が余儀なくされていたのだ。

そこで、1949（昭和24）年には電化され、スイッチバックをせずに通過運転できる構造に改良。峠駅も、この頃から普通列車以外が通過運転するようになっている。

こうした山越えの拠点という役割だけでなく、峠駅はもうひとつ大きな役割を担っていたこともある。当初は木材の輸送と滑川温泉などいくつかの秘湯の湯治客輸送がたまにある程度だったが、1942（昭和17）年に滑川鉱山が開発される。鉱山から峠駅までは索道が設けられ、駅構内にも専用線が敷かれた。滑川鉱山は良質な鉄鉱石が特徴で、峠駅から新潟を経て八幡製鉄所に運ばれた。戦時中は貴重な鉄資源として、1日に100tも峠駅から運ばれていたという。

ただ、山奥の鉱山開発は戦後になると採算上の問題も生じ、徐々に衰退。峠駅の貨物営業も1972（昭和47）年に廃止されている。一時期は、駅長以下30名ほどもいた職員は徐々に減り、1984（昭和59）年には完全に無人化された。そして、峠駅はほとんど何かの役割を持たない、山間の無人駅になったのである。

それでも、いまも峠駅には1日に12本もの列車がやってきて、停まる。一部の好事家を除けばほとんどお客のいない駅。それがまだ営業を続けているのは、力餅があるから、というわけでもないだろう。峠駅の存在は、先人たちが峠越えに命を燃やしてきたその象徴なのである。

柳津

三陸への夢のレールはここで途切れて

Yanaizu

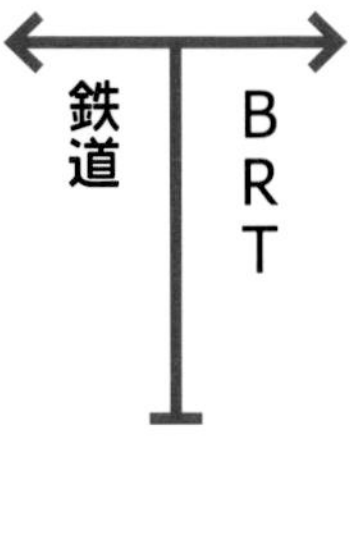

DATA
境界駅のカテゴリ 運行方式の境界
所在地 宮城県登米市
所属路線 JR気仙沼線／気仙沼線BRT
開業年月日 1968（昭和43）年10月24日
ホーム 1面1線

❶柳津駅西側の跨線橋から駅方面を望む。まっすぐ伸びているのが専用道。震災前まではレールがここに敷かれていた
❷取材時点(2023年9月)は自動運転のテストのために専用道の走行をしていなかったBRT。大船渡線BRTと一体となった運行形態をとる
❸柳津駅のホームからそのままBRT専用道脇に設けられているのりばに行くことができる。柳津駅にはロッジ風の駅舎があるものの駅員は滞在していない
❹駅前広場に到着するBRTのバス。自動運転テストのために専用道を走行しておらず、そのために駅前広場に普通の路線バスのようにやってきた
❺柳津駅ではなく前谷地駅。右手にあるのがBRTののりばで、左手には前谷地駅の駅舎が見える。ホームからは石巻線、そして柳津駅までの気仙沼線の列車が発着する

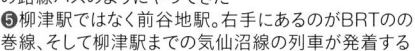

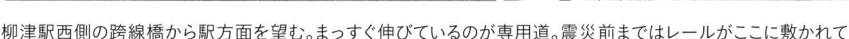

北上川の舟運とともにあった柳津の町

宮城県の北に、小牛田《こごた》という駅がある。南北に東北本線が通り、東に石巻線、西へは陸羽東線が分かれる交通の要衝だ。大きな市街地を抱えているわけではなく、むしろ機関区などが置かれて発展した鉄道の町である。

この小牛田駅から、石巻線に乗って江合川《えあいがわ》沿いに東に向かう。上涌谷・涌谷と過ぎて三つ目、前谷地駅は乗り換えの駅だ。同じホームの向かい側で待っているディーゼルカーに乗り継ぐと、こちらの列車は北に行く。旧北上川に沿って、田園地帯を眺めながら揺られることおよそ20分。北上川を渡った先にあるのが、柳津駅だ。

もともと、柳津駅はただの途中駅に過ぎなかった。線路は柳津駅からさらに先に伸びて北上高地の南端を越える。三陸海岸沿いの志津川や本吉といった町を通り、日本屈指の港町・気仙沼へ。JR気仙沼線は、前谷地〜気仙沼間を72・8kmを結ぶローカル線だった。

しかし、いまとなっては柳津駅でレールは途切れてしまう。柳津駅でディーゼルカーを降りると、ホームの先にはBRT（バス高速輸送システム）の乗降場。そのまま、かつて線路が敷かれていたところがBRTの専用道になっている。ロッジ風の駅舎も建ってはいるが、駅舎としての役割はほとんど持っていないようだ。ただ広い駅前広場とともに、いかにも寂しげな風情が漂う。

いまの気仙沼線は前谷地〜柳津間のわずか17・5kmになっている。2011（平成23）年3月11日の東日本大震災で海沿いの区間が被災してしまい、柳津〜気仙沼間はそのまま鉄道として復旧することなく、2020（令和2）年に正式にBRTに移行した。つまり、柳津駅は期せずしてレールとバスの境界駅になってしまったのである。

ここに至るまでは、それなりに紆余曲折があった。被災から1年と少し経った2012（平成24）年8月には柳津〜気仙沼間がBRT方式で復旧したが、このときはあくまでも〝仮復旧〟。地元からはすでにこのまま鉄道は戻らないであろうという不安の声があがっていたという。

実際にこの不安は的中することになる。２０１５（平成27）年に開かれた復旧を巡る会議では、ＪＲ東日本がＢＲＴの優位性を強調。対する地元自治体からも特に強い異論が出ることはなかった。鉄道が存続している前谷地〜柳津間にもＢＲＴを運行することになったことで、地元の利用者にとっては乗り継ぎの手間が省けることになる。結局、２０１６（平成28）年にはＢＲＴでの本復旧で合意し、現在に至っている。

さらに、２０２２（令和４）年末からは、ＢＲＴの一部区間での自動運転が開始され、自動運転レベルを上げるためのテストも行われている。新しい時代のモビリティとして、また赤字ローカル線の新しいあり方として、あらゆる面で注目を集めているのが、気仙沼線跡のＢＲＴなのである。

ともあれ、こうした経緯で柳津駅は境界駅になった。前谷地〜柳津間は海岸線とはかなり離れていて、震災による被害も軽微で済んだ。震災からひと月半ほど経った4月29日から運転を再開している。つまり、被害が軽かった区間とそうでなかった区間で、明暗が分かれたというわけだ。

そう考えると、柳津駅が境界駅になったのは、たまたま早期に運転再開できたのが柳津駅までだったから、なのだろうか。その答えを探して、柳津の町を歩いた。

柳津駅は、柳津の町よりも少し東に離れたところにある。駅前には、前谷地方面と直通するＢＲＴが発着するほか、コミュニティバスの類いののりばもあるようだ。そんな広場から、小さな川を渡って山裾の道を左に曲がってしばらく歩くと、柳津の中心市街地に出る。

いまの柳津駅は、宮城県登米《とめ》市に属する。ただ、２００５（平成17）年の合併前は津山町。町の面積の8割が森林で、ほぼただひとつだけの市街地が柳津だった。いまは登米市津山総合支所になっている、旧津山町役場も柳津にあった。駅前からの道筋沿いに旧津山町役場を見て、さらに少し歩くと国道３４２号。北上川に沿って（つまり気仙沼線の線路とは垂直に交差する）南北に通っている道で、ここがまさに柳津の中心だ。

郵便局や商店、地元の人向けの飲食店にひなびた旅館、小さな工場などが建ち並ぶ。北の端には、かつては学校だったのだろうと思われる一角もあった。線路の下をくぐって南側にも町並みは続く。小さくとも歴史を感じさせる風格を備えた、そんな柳津の町だ。

国道を南に歩くと、ほどなく柳津大橋という北上川を渡る大きな橋が見えてくる。

北上川は、何度も付け替えを繰り返してきた歴史を持つ。江戸時代になるまでは、いまよりも遥かに西側を流れていた。その頃には、柳津の町には北上川は流れていなかった。江戸時代に入ると、仙台藩伊達氏によって改修工事が行われる。これによって、北上川は柳津付近を南に流れて石巻湾に注ぐようになった。

柳津の町は、この頃に市街地が生まれ、柳津宿が形成されている。柳津から東には、気仙沼線に沿う形で気仙道が気仙沼までを結び、北に向けては一関に達する一関街道が通っていた。加えて北上川の舟運がある。柳津は、気仙道と一関街道が交わり、さらに北上川の舟運とも結ばれる交通の要衝だったのだ。

伊達氏による江戸時代初めの北上川改修は、北上川を舟運の大動脈として発展させた。仙台藩はもとより、南部藩や八戸藩なども北上川を蔵米輸送に用いるようになる。黒沢尻（現在の岩手県北上市）から石巻にかけては、200艘を超える艜船《ひらたぶね》が行き来していたほど賑わった。艜船は、石巻まで米を運び、塩や砂糖、酒、味噌、醤油などを積み込んで再び北上川を上っていたという。柳津は大動脈沿岸の一都市にして、三陸海岸との連絡をも担う物資集積地として栄えていたのである。松尾芭蕉も、『おくのほそ道』の旅で一関街道を辿っており、柳津の町を通っている。

しかし、江戸時代までの柳津の市街地は、いまはない。というのも、明治末からの北上川大改修によって、旧市街地は新たな北上川の底に沈んでしまったからだ。

明治に入ると、岩手県内の上流域を中心に開拓や乱伐が進み、下流域がたびたび洪水被害に見舞われた。水位も不安定になっていたという。1881（明治14）年には新聞記者時代の原敬が柳津を訪れており、そのときのことを「柳津にて午食し北上川を川汽船にて下らんと欲せしが、近ごろ渇水のときなれば、その便を得るあたわず」と記し

❷

❶

4

❸

❺

❶柳津の中心市街地。かつての柳津の宿場町の系譜を引く。ただし、江戸時代の宿場町は北上川の底に沈んでおり、この町並みは明治以降のものだ
❷柳津大橋から見る北上川。川を渡っているトラス橋は気仙沼線のもの。写真には写っていないが、左手には北上川河川歴史公園がある
❸柳津駅の南側は田園地帯。奥には山が見え、北上高地に入る手前に設けられた町であることがわかる
❹柳津駅を出発するBRTは、すぐにトンネルの中に入る。公団建設線としては最末期の路線にあたり、トンネルが非常に多いのが特徴である
❺北上川に架かる柳津大橋。この橋ができるまでは、旧柳津の市街地は3か所に分断されていた

ている。渇水期には水深が60㎝に満たない場所も多くなり、舟運の便がまったく悪化してしまったのだ。

そこで、明治時代の後半になって、本格的な改修工事が決定する。数度に分けて進められたこの工事では、最終的に北上川を柳津より南の飯野川付近で東に転じさせ、追波湾に注ぐ現在の形に変えている。このとき、柳津の旧市街地はすべて移転することを強いられた。そうして移転先に生まれたのが、現在の柳津の市街地だ。

柳津の町は北上川の改修によって生まれて物資の集積地として栄えた。それがまた、北上川の改修によって河底に沈み、新しい市街地を得ることになった。北上川とともにあり続けた町なのである。

こうした歴史を振り返ると、柳津は〝たまたまの境界駅〟などと片付けられるような駅ではないことがわかる。それに、そもそも柳津駅は気仙沼線の建設過程でも、いったん終着駅として開業している。１９６８（昭和43）年10月24日開業、前谷地〜柳津間を結ぶ、その名も「柳津線」である。

三陸の悲願も、わずか30年で途切れたレール

柳津線をはじめとする気仙沼線の建設は、三陸海岸の人々が長く熱望し続けた悲願であった。

きっかけは、１８９６（明治29）年の三陸地震だ。地震と津波で大きな被害を受けた三陸沿岸地方は、他の地域との交通の便が弱かったことで陸の孤島となり、被害者支援や災害復興の足かせになった。そのため、震災直後から鉄道の建設を求める動きが起こっている。１８９６（明治29）年には早くも東京の財界人によって三陸鉄道（現在の三陸鉄道とは別会社）が設立され、柳津〜志津川〜気仙沼〜釜石〜宮古に至る、４２８㎞もの沿岸鉄道を計画している。

この計画は金融不安などの影響で実現しなかったが、大正時代には柳津や志津川、気仙沼などを含む本吉郡内でも鉄道建設の機運が高まる。１９１７（大正６）年には各町村から１００人を超える代表者が集まり、県知事に鉄道敷設を陳情。さらに宮城県議長も後藤新平内務大臣に対して三陸沿岸鉄道の実現を要請している。こうした動きが功を

奏したのか、１９２２（大正11）年に公布された改正鉄道敷設法では、気仙沼から本吉・志津川・柳津を経て前谷地までを連絡する予定線が記載されることになった。

ただ、この予定線はすぐには日の目を見なかった。ようやく着工にこぎ着けたのは１９３６（昭和11）年。気仙沼方面から工事がはじまった。柳津地区でも測量や駅の設計に手をつけていたという。しかし、戦争勃発によって工事は中断してしまう。

戦争が終わると、１９４６（昭和21）年にはいち早く三陸鉄道促進期成同盟会を結成。同年10月には劣悪な交通事情を押して、当時の柳津町長が東京に足を運んで陳情するなど、地域を挙げて鉄道建設を求め続けた。そしてようやく、１９５０（昭和25）年に気仙沼線の建設が決定。１９５７（昭和32）年に気仙沼～津谷間が開業したのが、気仙沼線のはじまりである。

ただ、大都市交通優先という国鉄の方針も影響し、柳津側の工事は遅れに遅れた。着工したのは、日本鉄道建設公団が発足した１９６４（昭和39）年のこと。建設中には赤字83線廃止の動きもあり、開業が危ぶまれることもあった。しかし、ようやく１９６８（昭和43）年に柳津線が開業した。全線開通にはさらに10年近い歳月を要し、１９７７（昭和52）年12月11日、柳津～本吉間が開業する。これによって、80年来の住民の悲願が成就したのである。

それからおよそ30年。震災がきっかけになって生まれた三陸沿岸鉄道は、またも震災をきっかけに分断されることになった。三陸地方の鉄道というと、第三セクターの三陸鉄道などが代表格として取り上げられることが多い。しかし、悲願の成就からわずか30年足らずで、またも線路が途切れてしまった柳津の町もまた、この地域と鉄道との関わりを語る上では避けて通れない。ＢＲＴになって鉄道時代よりも便利になった、などという声もある。一面、それは事実なのだろう。とはいえ、気仙沼線の本来の目的は、地域内の輸送ではなく、三陸海岸を鉄道によって縦貫することにあったはず。それが、ぷつりと途切れた柳津駅。三陸海岸に向かう山道に挑むのは、沿線風景とはまったく不釣り合いな、自動運転のバスである。

目時

Metoki

岩手と青森の県境、山奥に佇む無人駅

青い森鉄道 ⇔ IGRいわて銀河鉄道

DATA

境界駅のカテゴリ 会社間境界

所在地 青森県三戸郡三戸町

所属路線 いわて銀河鉄道線／青い森鉄道線

開業年月日 1948(昭和23)年10月1日

ホーム 2面2線

❸

1

❷

❹

❺

❶駅前から国道までの間をつなぐ県道。ここにかつては東北本線の線路が通っていた
❷馬淵川を渡るいわて銀河鉄道線。ちょうど岩手県と青森県の境界を流れる川だ
❸築堤上の目時駅ホームは細長く、両端ではすぐにトンネルに入る。写真では岩手県側を望む
❹現在の目時駅から少し離れた集落の中心近くに、「目時駅竣工記念碑」。旧線時代の駅舎があった場所だ
❺このあたりに旧駅があった。いまはひっそりとしているが、商店なども軒を連ねていたのだろうか

日本で初めて生まれた三セク同士の境界駅

かつて、国鉄が全国一円にネットワークを広げていた時代。そのときには、会社間の〝境界駅〟などはほとんど存在していなかった。大都市ではじまっていた地下鉄と郊外路線の相互直通運転における境界くらいなもので、あとは日本中まるごと国鉄の路線だったのだから、とうぜんだ。

厳密なことをいえば、国鉄にも鉄道管理局の境界があったのだが、それはあくまでも保守管理における便宜的なもの。いまとは比べものにならないくらいに長距離の列車が走っていた時代であり、管理局の境界がお客にとって何らかの影響を及ぼすようなことはほとんどなかった。

しかし、国鉄が解体されて30年以上経ち、様相はまったく変わってしまった。分割民営化当時の新聞広告で謳われた「ＪＲの境界を跨ぐ直通列車の維持」と「ローカル線の維持」は、もはやすっかり反故にされ、しっかりとあちこちで〝境界駅〟が生まれてきた（この新聞広告は国鉄やＪＲではなく自民党が打った広告だったので、何ら根拠も責任もなかったのではあるが）。

その筆頭が、整備新幹線開業に伴って誕生した第三セクターの境界駅であろう。本書でも取りあげている、篠ノ井駅はいわばその第一号。１９９７（平成９）年秋に北陸新幹線が開業し、信越本線軽井沢〜篠ノ井間が第三セクターのしなの鉄道に転換、それまでは何の変哲もない途中駅だった篠ノ井駅が、一躍〝境界駅〟として注目を浴びたのだ。

そして、第二号が誕生したのが、２００２（平成14）年のことである。

このとき開業したのが、東北新幹線盛岡〜八戸間だ。東北新幹線が盛岡まで開業した時点では、まだ整備新幹線としての扱いとは異なっていた。そのため、並行在来線であるところの東北本線盛岡以南はそのまま国鉄、そしてＪＲ東日本に引き継がれている。

ところが、整備新幹線として建設された盛岡以北は事情が違う。北陸新幹線がそうであったように、延伸開業の前提条件が並行在来線の経営分離。東北本線の盛岡〜八戸間はかくして第三セクターに転換されることになった。第三セクターとは、都道府県や市町村などの地方公共団体が中心となって出資して設立する企業のことだ。比較的長い距離を引き受けることになる並行在来線の第三セクターでは、だいたい都道府県（いまのところは都は関係していないが）が主体となることが多い。

東北本線の盛岡〜八戸間は岩手県と青森県にまたがっている。そのため、岩手県内と青森県内で別の第三セクターが引き受けることになった。岩手県側がＩＧＲいわて銀河鉄道、青森県側が青い森鉄道だ。そして、我が国で初めてとなる、第三セクター同士の境界駅が誕生する。それが目時駅、というわけだ。

目時駅があるのは、ちょうど岩手県から青森県に入ったばかりの場所だ。地名でいうならば、青森県三戸郡三戸町大字目時、ということになる。ただ、目時駅が境界駅になったことに関してはたいした意味はない。ただ単に、そこが岩手県と青森県の県境に近い場所だったから、というだけのことである。

時刻表を繰ってみても、目時駅はまったくといっていいほど目立つ存在ではない。いわて銀河鉄道と青い森鉄道は互いに直通運転を行っており、目時駅を始発・終着とする列車は一本たりとも設定がない。それどころか、県境の山中の小駅だからなのか、岩手側ではひとつ手前の金田一温泉駅、青森側ではひとつ先の三戸駅までしかやってこない列車もあって、日中には2時間以上も列車がない時間帯があるほどだ。

さらに、ふたつの会社の境界駅という、実務上はそれなりに重要な扱いであろうはずなのに、無人駅なのだ。無人駅になったのも昨日や今日のことではなく、１９７０（昭和45）年から。東北新幹線が開業するよりはるか昔から、目時駅は駅員のいない駅だった。国鉄時代は、よほどのことがない限りはどんな小駅にも駅長と駅員がいたものだ。彼らはただの鉄道マンではなく、町の顔役でもあった。しかし、それでも無人化してしまうほど、目時の町は小さかったのである。

この扱いの悪さは、目時駅のホームにも現れている。

金田一温泉駅から北に進んで短いトンネルを抜けて馬淵川を渡ると、すぐにそのまま目時駅のホームに滑り込む。築堤の上に設けられた、実に簡易的な相対式二面二線。ホームの幅は相当に狭い。貨物列車などが通過する際にホームに立っていると、風圧でひっくり返ってしまいそうなほどだ。もちろんバリアフリーなどとは無縁で、有人駅時代から使っているのであろう駅舎には階段を下っていかねばならない。

蜘蛛の巣が張ってジメジメした薄暗いホーム下の通路を抜けて、これまたひと気のない無人の駅舎に入り、そのまま ここも抜けてゆくと駅の外。駅前からは西に向かってカーブしながら伸びてゆく道があるが、ここに来ても、人の営みの気配はまったく感じられない。自動販売機がひとつ置いてあるのは、筆者のような酔狂な旅人のためなのか。それとも通学時間帯にはこの駅を使う学生が何人かはいるのだろうか。

ぼんやりと駅前で佇んでいると、軽トラックが颯爽と駅前にやってきた。何ごとか、これはお客か送迎か、と思ったが、慌てたようすで駅舎の隣のトイレに駆け込んだ。用を済ましたらすぐに去って行ったので、コンビニか何かまで待つ余裕もないくらいの緊急事態だったのだろう。いずれにしても、日常的に目時駅に人の往来があるようには、まったく思えない駅前風景である。

実は、目時の集落は駅から少し離れた場所にある。目時駅前の道を西にほんの少し歩くと、いくつかの民家の前を通り過ぎ、だんだんその密度が濃くなってゆく。この道が、県道149号線。目時駅と目時の集落を結ぶ、いわゆる〝停車場通り〟というやつだ。

この県道から路地を北に入ると、八幡宮という神社もあって、田畑の間に民家が建ち並ぶ。住宅密集地などとはお世辞にも言えないが、少なくとも山間の小集落というくらいには家がある。南側には馬淵川、北側には山がもうすぐに迫っていて、山中には目時薬師堂という古刹があるらしい。ほんのわずかな平地部に、小さな集落があるのが目時の町だ。山沿いや川沿いにはリンゴ畑があるところを見ると、目時の特産品なのだろう。

❶目時駅から歩いて10分ほどで国道4号に。すぐ南側で青岩大橋を渡り、青森県から岩手県に入る
❷青岩大橋の旧橋跡。打ち捨てられていまでは通行も禁止されている
❸旧橋のたもと、ガソリンスタンドの裏手には誰が泊まったのかホテルの看板が
❹こちらも国道8号と県道が交わるあたりのドライブイン跡。このすぐ近くにはファミリーマートができている
❺駅にほど近い集落の中には田んぼもあった。耕作面積は少なく、傾斜地はリンゴ畑になっている

リンゴ畑と小さな集落、経路変更で旧線跡は県道に

県道を駅から離れるように10分ほど歩くと、国道4号に出る。かつての奥州街道を継承する、東北地方を南北に貫く大動脈だ。県道との交差点のすぐ南で、国道は青岩大橋で馬淵川を渡る。その近くにはコンビニやガソリンスタンドがあるし、かつて営業していたであろうドライブインの大きな建物もある。その裏手にはモーテル風の廃墟が残る。いまや高速道路が主役になっているとはいえ、トラックを中心に交通量はなかなかに多い。ロードサイドのコンビニの役割をドライブインが果たしていた時期には、それなりに賑わっていたのだろうか。

青岩大橋のすぐ西側には、旧国道の青岩橋も架かっている。ただ、旧橋に通じる道は封鎖されていて、その様子を見ることはできなかった。

実は、ちょうどこの青岩大橋付近を、かつての東北本線が通っていた。岩手県側からやってきた東北本線は、青岩大橋付近で馬淵川を渡り、コンビニの裏手を通って東へカーブして、現在の目時駅北側でいまの線路に合流する――。これが、以前の東北本線の経路であった。つまり、県道は廃線跡、ということになる。

目時駅の場所もいまとは少し違うところにあった。県道沿いに「目時駅竣工記念碑」という立派な石碑が建っているが、ちょうどそのあたりが旧目時駅の場所だったのだろう。その脇には立派な商店風の建物もあるから、小さいながらも駅前商店街が形成されていたのかもしれない。また、いまの目時駅舎の前の道がほどよくカーブしているのも、廃線跡らしさを醸していると思えばそう見える。

目時駅付近の線路が付け替えられ、駅も現在地に移転してきたのは1967（昭和42）年のことだ。ちょうどこのとき、東北本線の複線電化が進められていた。その一環として、金田一温泉～目時間の経路そのものが変更された、というわけだ。国道の青岩大橋は、東北本線経路変更で空いたスペースを活用して新たに架けられた。山間の小さな

境界駅にも、こういった歴史が眠っているのだ。

さらに遡ると、目時駅は１９４８（昭和23）年に開業している。１９２４（大正13）年に信号場として誕生したのがはじまりで、それが駅に昇格した形だ。当初は貨物の扱いもあったようだが、１９６２（昭和37）年には廃止されている。特産のリンゴを運んでいたのか、それとも実態としてはそれ以前から貨物取扱がなくなっていたのか。そのあたりは、今となっては知るよしもない。

目時の町が含まれる三戸町の中心地は、三戸城の城下町がルーツである。三戸城は、戦国時代に南部晴政によって築かれ、盛岡藩祖の南部信直が継承。江戸時代に入って盛岡藩の拠点が盛岡に移されるまで、三戸が南部領の中心だだった。三戸の賑わいは城下町でなくなってからもある程度は維持されていて、明治に入ってからも花街が形成されるほどだったという。

そして、三戸に城下町があった時代の目時には、南部家臣の目時氏が暮らす目時館が置かれ、城下町の南の守りを担っていた。東西約２００ｍ、南北約１００ｍという大規模な館が馬淵川を望む段丘上にあった。その頃はある程度の賑わいもあったのだろうが、盛岡藩の中心が三戸から盛岡に移ると目時館も自然と消滅してしまったようだ。

江戸時代、目時一帯は南部藩領に含まれていた。明治に入って県が置かれると、いったんは二戸までが青森県になり、わずか5年で二戸は岩手県に編入されている。この裏の事情は定かではないが、もしもそのまま二戸からが青森県だったなら、境界駅は目時駅ではなく二戸駅になっていたのかもしれない。

いずれにしても、いまの目時駅は、駅員はおろかお客もほとんどいない文字通りの〝無人〟の駅。名もなき境界駅、という点においては、目時駅に勝るものはないといっていい。普通ならば、いつ廃止されてもおかしくない、といったところだろうか。ただ、僥倖なのはこの駅は境界駅なのだ。ＩＧＲいわて銀河鉄道と青い森鉄道は、この駅を境に入れ替わる。だから、よほどのことがない限り、廃止になることはなさそうだ。まあ、管理の面でいうなら二戸駅が境界だった方が、よほどラクだったのではないかとも思うのではあるけれど。

明暗を分かつのは電化・非電化なのか、それとも——

中小国

Naka-Oguni

JR北海道 ⇔ JR東日本

DATA

境界駅のカテゴリ 会社間境界
所在地 青森県東津軽郡外ヶ浜町
所属路線 津軽線
開業年月日 1958(昭和33)年10月21日
ホーム 1面1線

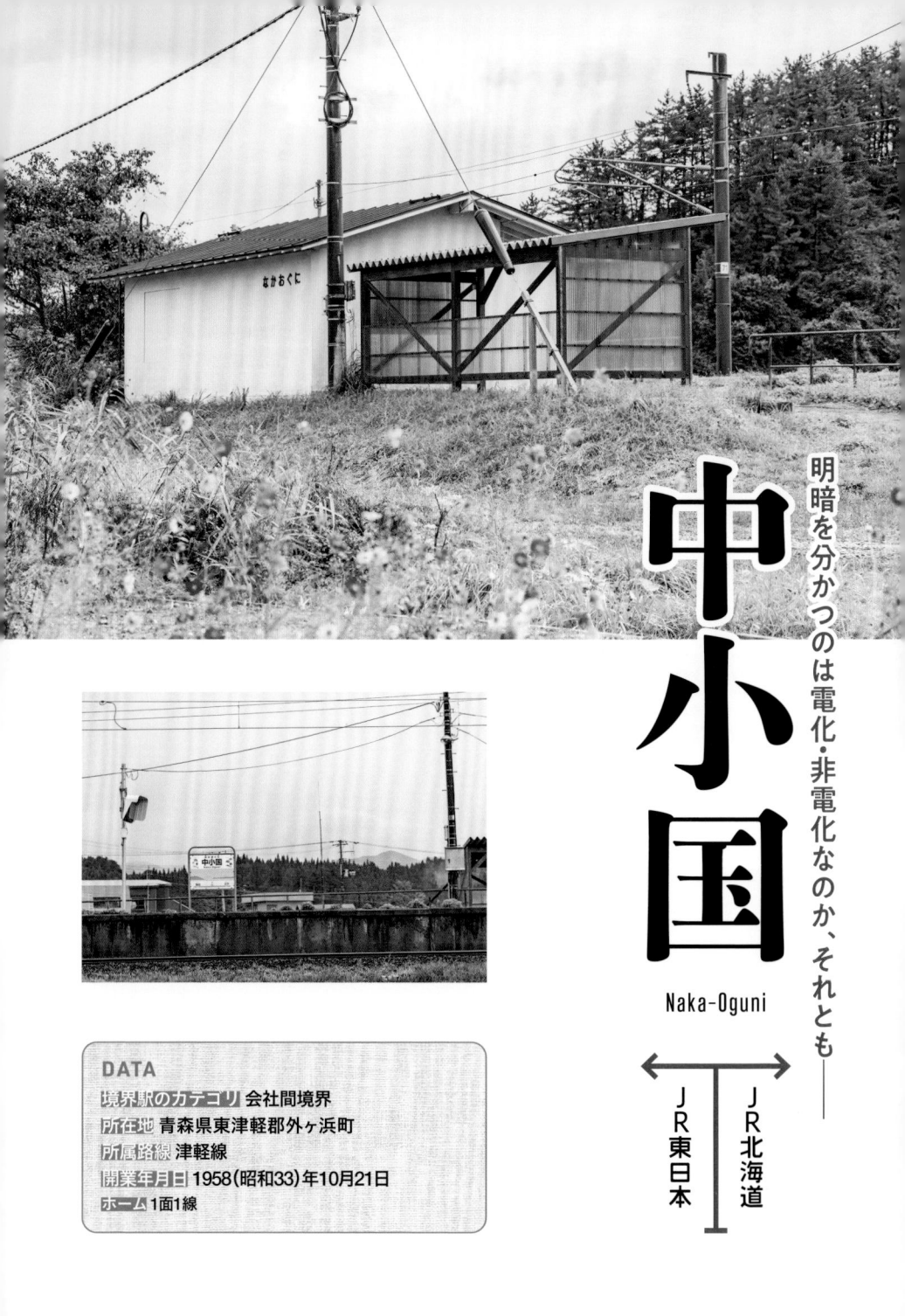

❶

❺

❹

❷

❻

❸

❶津軽線中小国駅近くを通る貨物列車。電化されているので、無理をすれば電車も走ることができそうだ
❷県道沿い、代行バスはこのあたりに停車する。中小国駅へは脇道に入った先に
❸中小国駅前から県道方面を望む。県道はそこそこクルマも通るが、中小国駅に入る脇道は閑散としている
❹津軽線に並行する内陸部の県道。かつては獣道に等しい郡道で、明治時代以降整備が進んだ
❺農地は川沿い・県道沿いにごくわずか。江戸時代には製鉄や林業が主要産業だった
❻旅客列車がやってこなくなって1年以上経った中小国駅。貨物列車は走るので、線路などはよく保守されている

青森と北海道の境界はどこにある？

青森県と北海道の境界は、いうまでもなく津軽海峡である。津軽海峡は外国の軍艦なども通る公海の一部。その真ん中に、青森と北海道の道県境があるのだ。

このあたりまでは、話はあまりにシンプルだ。ところが、鉄道における道県境はどうなんだ、となると話はややこしくなってくる。

たとえば、津軽海峡の地下を通る青函トンネル。そのおおよそ中間には青函ずい道境界点があって、厳密に青森県側と北海道側を分けている。ただ、この境界点はトンネルそのものの便宜的な境界であって、JR東日本とJR北海道の境界とは異なる。

JR東日本とJR北海道の境界は、新幹線ならば東北新幹線と北海道新幹線を隔てる新青森駅だ。本州側、つまり青森県内にありながら、北海道新幹線奥津軽いまべつ駅はJR北海道の管理する駅になっている。

新幹線が通る前、特急「スーパー白鳥」などが走っていた在来線では、津軽線から海峡線が分岐する新中小国信号場が線路上の境界になる。ただ、こちらも一筋縄ではいかない。路線としての海峡線の正式な起点は、新中小国信号場ではなくその手前の小さな無人駅、中小国駅。わずか2・3㎞ほどではあるが、中小国〜新中小国信号場間は津軽線と海峡線の重複区間、ということになる。

しかし、ややこしいのはまだまだ続く。

津軽線は中小国駅・新中小国信号場までが電化されている。なので、少なくとも物理的には中小国駅まで〝電車〟が乗り入れることができる。津軽線の中小国〜三厩間は非電化、超のつくローカル線だ。その点において、中小国駅は津軽線の電化・非電化の境界ともいえる。

ところが、実際に電車が走っているのはおひとつ手前の蟹田駅までなのだ。だから、実質的には蟹田駅が境界駅としての役割を果たしている。津軽線は2022（令和4）年8月の豪雨で被害を受けて、いまも蟹田〜三厩間が運休中だ。そうしたことからも、境界駅としての機能は完全に蟹田が担っているといっていい。

つまり、青森と北海道の境界を鉄道の面から見ると、いくつもの境界駅が存在しているということになる。新幹線のターミナルである新青森駅はともかく、厳密な意味での境界である中小国駅と、実質的な蟹田駅。いったいどんな町なのだろうか。

まずは、中小国駅にやってきた。やってきたといっても、先にも書いたとおり、津軽線の列車は今では蟹田駅までしか走っていない。蟹田〜中小国間はわずかひと駅だが、この区間を列車代行バスに乗って向かうことになる。

津軽線の代行バスは、1日に三往復しか設定がない。朝が下り一本・上り二本、夕方がその逆で下り二本・上り一本。基本的には蟹田・青森方面に通学する学生のためのダイヤ設定で、朝の下りと夕方の上りは、車両運用の都合による〝折り返し〟なのだろう。

なので、日中には「わんタク」というデマンド型乗合タクシーを使うことになる。蟹田駅から津軽線に並行して最後は龍飛埼灯台までを結ぶ、こちらも1日三往復の定期便だ。蟹田駅で「わんタク」に乗ると、先客には地元のおじいさんがひとり。需要の大小はともかく、地元の人の足としてはそれなりに存在意義はあるようだ。

ほんの10分足らずで中小国駅に着く。「わんタク」はマイクロバスのようなものなので、直接駅前に乗り付けるのではなく近くの県道沿い。「中小国駅」の案内看板にしたがって、県道から路地を入った先に、中小国駅が見える。

2022（令和4）年の8月に被災して以来、列車の停まらなくなった中小国駅。奥の農地につながる踏切があり、その傍らに待合室がひとつ置かれているだけのホームがある。線路は単線、いわゆる棒線駅というやつだ。

列車が来ないし代行バスもタクシーも県道沿いに停まるから、中小国駅のホームでいくら待っていても時間のムダだ。待合室の隣の駐輪場は、列車がやってきていた時代には地元の学生たちが通学の際に使っていたのだろうか。取り立てて何があるわけでもない、津軽半島北部で山に囲まれた、実に小さく静かな駅である。

ホームでしばらく立っていると、踏切が鳴り響く。レールをつたって列車の走る振動音も響いてくる。中小国駅は、旅客列車は来ないけれど貨物列車は通る。この駅の少し西側の新中小国信号場を介して青函トンネルと繋がっていて、貨物列車の大動脈としての役割はいまも健在なのだ。旅客列車の大動脈は新幹線に譲っても、貨物列車は津軽線を走る。踏切が鳴動してすぐに、後ろに長い貨車を連ねた貨物列車がやってきた。この貨物列車のために、いまも蟹田〜中小国〜新中小国信号場は電化されている。

ならば、中小国駅までは電車を走らせてもいいじゃないかと思われるかもしれない。ただ、それは現実的とは言い難い。まずもって、中小国駅はただの棒線駅であり、貨物列車からすれば存在すら認識せずに通り過ぎてしまう小駅に過ぎない。もちろん、列車の折り返し設備などは持たない。

折り返し設備はお金をかけて取り付ければいいだけのことだが、それより問題なのは中小国駅周辺の様相だ。

中小国駅は、青森湾沿いの蟹田から津軽山地の北部を抜けて津軽海峡沿いに出る、その入り口にあたる。南側には蟹田川が流れ、線路と川の間の県道沿いに小さな集落がある。古くはヒバ材をはじめとする林業が盛んな町で、豊富な木材を背景に製鉄も行われていたという。小国で生産された鉄は、江戸時代初めに築城された弘前城でも使われている。また、江戸時代半ばには伊勢神宮への献上木材にもなっており、この地域の特産品になっていた。

ただ、津軽半島北部の主要街道沿いからは逸れている。江戸時代の松前街道は、蟹田までは津軽線に並行するが、その先は内陸部ではなく海沿いを通っていた。明治以降、青森と三厩を結ぶ定期航路が就航するなど、むしろ陸路よりも海路に頼っていた地域だ。

その中にあって、中小国駅周辺はほぼ獣道に近い郡道が通っているだけだった。明治時代の後半になると、郡道がようやく荷馬車が通れる程度に整備されるなど交通事情は改善されるが、いずれにしても街道筋であり資材の積み出し港として賑わった蟹田が地域一帯の中心地。中小国は、その衛星集落という性質を持つ町なのである。

❷

❶

❹

❸

❺

❶こちらは蟹田駅。簡易委託で有人、立派な駅舎もある港町の玄関口だ
❷蟹田駅近くには蟹田港。ホタテなどがよく知られる漁港で、江戸時代には舟運の要地だった
❸蟹田駅に近い松前街道(国道280号)。街道は内陸ではなく平舘経由、海岸線を通って三厩まで結んでいた
❹蟹田駅前には代行バスのりば。事実上、朝夕だけの通学専用バスになっており、大型の観光バスが使われている
❺蟹田駅のホームに停まる701系電車。かつてはここでディーゼルカーに乗り継いで三厩を目指していた。手前のボードは太宰治『津軽』の一節が書かれている

太宰が訪れた蟹田の町に暮らす外国人技能実習生

ならば、蟹田はどんな町なのかが問題になってくる。

いまや津軽線の〝終着駅〟になっている蟹田駅。青森駅から電車が乗り入れる、本州最北端の〝電車駅〟でもある。ただし、この町の名は津軽線だとか境界駅だとか、そういうことで知られているわけではない。津軽半島は金木出身の文豪・太宰治が、小説『津軽』のために故郷を訪れた際に立ち寄った町のひとつなのだ。『津軽』の中で、太宰は津軽にやってきて最初に蟹田を訪れている。友人のN君宅に泊まり、観瀾山で花見を楽しんでいる。観瀾山は蟹田駅から見ると松前街道（国道２８０号）を北に進んで蟹田川を渡った先に聳える山だ。観瀾山から蟹田の町を見下ろして、「蟹田ってのは、風の町だね」と言う。海沿いの町だから風の強い日が多い。太宰が訪れたときも、ちょうど風が強かったのだろう。その太宰の言葉は、蟹田駅のホームにも刻まれている。

太宰がやってきた頃の蟹田には、もちろん津軽線は通っていない。津軽線が開業したのは１９５１（昭和26）年12月だ。最初に青森〜蟹田間が開業し、遅れて１９５８（昭和33）年に蟹田〜三厩間が開業して全通した。戦後になってようやく鉄道が通ったことで、蟹田の人々は町のさらなる発展の足がかりになると期待に胸を膨らませた。江戸時代から弘前藩の海上交通の要所として栄えた町の存在感が、ますます高まるチャンスだと思ったのだ。

しかし、現実は甘くなかった。鉄道がなければ、町の人々は地元の商店で買い物をするしかない。そこに鉄道ができて青森の市街地と一本で結ばれた。人々はちょっとした日用品の買物であっても青森市内に出るようになり、津軽線の列車はいつも満員すし詰め状態が続いたという。

地元の商店街としても、こうした事態をまったく想定していなかったわけではない。ただ、青森まで出れば交通費もかかるしついでに食事をしたり土産を買ったりしてお金がかかる。いくら時間距離が短縮されたといっても一日仕事。だから、それほどの影響はないだろうと考えていたのだ。

この見通しは結果として間違っていた。便利になれば蟹田の町から人は消え、商店や旅館などは廃業が続く。さらに自家用車の時代が来ると、平日は青森市内に通勤し、週末は青森市内でお買いもの、というライフスタイルも確立される。青森市内の高校に通う子どもたちは、都会の香りを浴びて故郷を離れるきっかけにもなった。

とどのつまり、鉄道が通って便利になったところで、町が栄えるかどうかはまた別問題。新幹線開業によるストロー効果がしばしば話題になるが、蟹田の町にもそれと同じような事態が発生していたのである。

1958（昭和33）年に津軽線が三厩駅まで延伸すると、その途中に中小国駅が設けられた。津軽線の経路が松前街道沿いではなく、内陸経由になったからだ。すでに青函トンネルの構想はあり、津軽線終点の三厩駅がトンネルとの媒介駅になると思われていたようだ。そうなっていれば、津軽線は全線が電化されて〝大動脈〟になっていたはずだ。蟹田駅で線路が途切れる危機も訪れなかったかもしれない。

……と思ったが、改めて考えてみるとそうでもなさそうだ。津軽線が開業した当時も、青函トンネル開通後も、そしていまも、中小国駅周辺の様子は本質的に変わっていない。大動脈の一部になれば賑やかさが保たれるというなら、ギリギリ電化区間に含まれている中小国駅だって、もっと栄えていてもよかったはずなのだ。

いま、列車の停まらない電化駅、中小国駅には貨物列車ばかりが颯爽と通過する。そして、電車の終点である蟹田駅は、本州の最果ての駅になるかならないかの瀬戸際にある。

蟹田はいまも漁業が盛んな町だ。最近では、ベトナムからの技能実習生を受け入れて、ホタテなど海産物の加工作業に従事させているという。中小国から蟹田に戻る「わんタク」には、若い外国人女性が乗っていた。見たところ、観光ではなくここで暮らす技能実習生だ。もうひとり乗っていたおじいちゃんと片言の日本語で話していた。

蟹田駅前から松前街道を渡って5分も歩けば青森湾を望む港に出る。太宰が訪れたときのように風は強くないが、雨が降っていた。鉄道の存在意義が問われる最果ての町も、時流の中で時を刻んでいるのだ。

稚内

海の向こうの樺太へ——

Wakkanai

DATA

境界駅のカテゴリ 国境
所在地 北海道稚内市
所属路線 JR宗谷本線
開業年月日 1928（昭和3）年12月26日
ホーム 1面1線

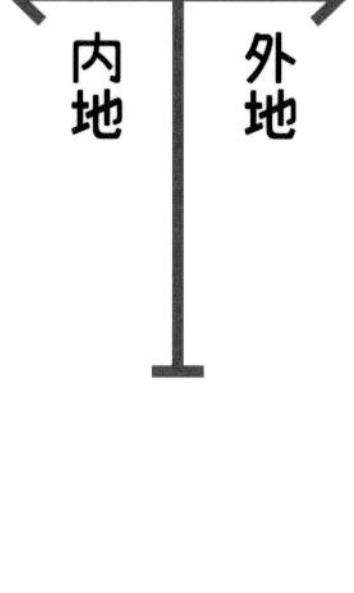

❶稚内公園から見下ろす稚内の中心市街地。左端に見えるのが北防波堤ドーム。ひときわ目立つ高い建物は、サフィールホテル稚内
❷稚内公園に建つ「氷雪の門」。樺太で亡くなった日本人の慰霊碑で、1963年に建立された。両側の高さ8mの門柱の遠く海の向こうには、"ふるさと"樺太がある
❸稚内駅近くの商店街。歩道に設けられている屋根には、ロシア語が見える。国境を隔てて向き合うロシアとの距離感が近い町であることがうかがえる
❹最初に稚内駅として開業した、現在の南稚内駅。いまでも南稚内駅周辺は市街地が広がり、特急列車もすべて停車する市内第二のターミナルである
❺稚内駅から少し北に歩いた堤防沿いから北を見る。いまの稚内は、漁業の町。牧歌的な港町らしい風景が大半である
❻北防波堤ドームの先端近くには、稚泊航路記念碑が建つ。この防波堤沿いにホームと岸壁が設けられ、南樺太と結んでいた

海峡の向こうに樺太を望む

稚内の夏は短い。その短い夏も曇り空が多く、すっきりしない天気が続く。そして9月になると、一気に秋めいてくる。10月も半ばになると冬の足音が近づき、11月初旬には早くも初雪が降る。9月から10月にかけてのひと月ほどは、稚内にとって一年でもごくわずかという、快晴続きの季節なのだ。そして、稚内の町から宗谷海峡の先、サハリンを明瞭に望める季節でもある。

日本は島国で、八方を海に囲まれている。だからもちろん、他の国と接している国境線というものを持たない。国内において国境という言葉を使うとき、だいたいそれが意味するのは令制国の国境を指す。国境の町、という響きが真に迫る町はほとんどない。そんな中でも数少ない本物の「国境の町」のひとつが、稚内であろう。

日本最北端の駅・稚内駅を降りると、駅の周りの案内標識などはロシア語も併記されている。駅から国道を挟んで西側の商店街でも、店ごとにロシア語の店名が書かれている。短い秋晴れの季節、宗谷海峡の向こうの手が届きそうなほど近い島は、ロシア・サハリンだ。フェリーターミナルからは、サハリンへの航路が発着していたこともある。降り立つだけで国境の町であると感じさせる駅は、稚内をおいて他にない。

そして稚内は、かつて「内地と外地」の境界だったという歴史を持っている。稚内駅から稚泊連絡船という鉄道連絡船に乗り継いで宗谷海峡を渡ると、そこは日本領・南樺太だった。

もともと樺太は日本人によって漁場が開かれていた島だったが、幕末の日露和親条約では樺太におけるロシアとの国境線は確定されなかった。しばらくは日露の雑居地となり、1875（明治8）年の樺太・千島交換条約によっていったんはロシア領になる。そして1905（明治38）年、日露戦争後のポーツマス条約によって北緯50度以南の南樺太が日本に割譲された。以後、太平洋戦争終結によってソ連領になるまでの約40年間、南樺太は日本の一部だったのだ。最初は〝外地〟だったが、戦時中の１９４２（昭和17）年に内地に編入されている。
この40年間、稚内駅は国境の町ではなく、本土と南樺太の境界のターミナルだったのである。そして、この役割が、稚内の町の発展の礎になっている。

稚内という町の歴史を辿ると、とにかく国境の町としての性質の強さを思い知らされる。

江戸時代も後半に入ると、ロシアの船が北海道沿岸にたびたび出没するようになる。それを受け、現在の稚内市街地を含む宗谷一帯は、松前藩の統治から幕府直轄に改められている。津軽藩から藩士が派遣されて北方警備も行われた。極寒地での警備はあまりに過酷で、任に当たった藩士の多くが水腫病で命を落としたという。

明治に入ってもそうした事情は変わらない。最北端の国防の最前線として、絶えず緊張状態に置かれていた。１８７５（明治８）年の樺太・千島交換条約で一定の落ち着きを見せ、漁場が開設されたり稚内に郡役所が置かれるなどの動きもあったが、日露戦争前夜などはなかなか緊迫していただろう。１９０５（明治38）年に南樺太が日本領になり、ようやく稚内は国境の町としての緊張状態から解放されることになる。

ただ、この時点ではまだ稚内に鉄道は到達していない。それどころか、１９０１（明治34）年に小樽からの定期汽船航路が開設されたばかり。樺太への航路も小樽が拠点で、それが道すがら稚内に寄港していた。それも冬には風雪や流氷でしばしば運休となるなど、安定輸送にはほど遠い。稚内は文字通りの陸の孤島だったのだ。

そうした中で、稚内の人々が鉄道を強く求めるのはとうぜんのことだった。稚内港の整備も必要不可欠で、どちらを優先すべきかのせめぎ合いもあったが、政府が鉄道を優先する方針を定めたことで落着する。

稚内にはじめて鉄道がやってきたのは、１９２２（大正11）年。現在の南稚内駅の位置に、最北端のターミナル・稚内駅が開業した。そして鉄道が稚内まで延びたことで、それと航路を接続して樺太連絡の利便性を確保する動きも進む。稚内駅開業の翌年、１９２３（大正12）年には稚泊連絡船が開設されたのである。この「駅開業」「連絡船開設」をもって、稚内は内地と外地の連絡という大きな役割を持って、都市として発展してゆくことになるのである。

❶稚内駅近くには規模は小さいながらも歓楽街がある。ロシアの漁師たちもここで憩いのひとときを過ごしていたのだろうか
❷稚内公園、「氷雪の門」の脇には、戦火の樺太で最後まで使命を果たして命を落とした9人の女性電話交換手の慰霊碑も。樺太の戦いを象徴する悲劇だ
❸稚内の港内を風雪から守った北防波堤ドーム。弱冠26歳、北海道帝国大学を卒業してわずか3年の技師・土谷実によって設計された。稚泊航路があった時代の名残をとどめる数少ない遺産だ
❹北防波堤ドームの脇には、名横綱・大鵬上陸の地であることを示す碑が建つ。大鵬一家は小樽に向かう予定だったが、母親の体調不良から稚内で途中下船。小樽への船は途中で敵の攻撃を受けて沈没している

樺太引き揚げと稚内

樺太連絡の拠点・稚内は、着々とその体裁を整えてゆく。

樺太側では樺太庁鉄道の大泊（現・コルサコフ）駅と連絡していた稚泊連絡船に次いで、１９２４（大正13）年には樺太・本斗（現・ネベリスク）と連絡する稚斗連絡船が北日本汽船によって開設される。

当初は現在の南稚内駅から桟橋までの約１㎞を徒歩で連絡していたが、１９２８（昭和３）年に延伸。現在の稚内駅が稚内港駅の名で開業した。さらに１９３６（昭和11）年には港内の船舶を北方の波浪から守る巨大な防波堤が完成する。「北防波堤ドーム」の名でいまも稚内港の北に残る町のシンボルだ。線路も防波堤の下まで伸びて、１９３８（昭和13）年に稚内桟橋駅として営業を開始している。また、稚泊連絡船に砕氷設備を持つ亜庭丸・宗谷丸が導入され、通年の安定運航が可能になった。

こうした背景もあって、新天地・樺太を目指す人々が続々と稚内を中継して海を渡ってゆく。そして稚内の町は、その拠点として賑わうようになる。駅の周辺には2階建て以上の旅館が建ち並び、カフェーやバー、劇場（映画館）などもできた。１９３４（昭和９）年の函館大火で焼け出された女性たちも稚内にやってきて、街中のバーに職を求めたという。

しかし、そんな内地・外地連絡拠点としての稚内の賑わいも、戦争によって一変することになる。

太平洋戦争の戦局が悪化し、国内各都市が空襲に見舞われるようになっても、樺太上空に米軍のＢ29が飛来することはなかった。だから、樺太を「平和の島」と捉える人もいたようだ。ただ、１９４３（昭和18）年のアッツ島玉砕をきっかけに日本は北方の制海権も失い、１９４５（昭和20）年に入ると宗谷海峡に連合軍の艦艇が出没するようになっていた。７月には大泊を出港した稚泊連絡船の宗谷丸が魚雷攻撃を受け、ほうほうの体で稚内港に逃げ込むというできごともあった。この頃には、樺太でも米軍上陸を想定した住民の緊急疎開計画が検討されている。

このとき、樺太庁や樺太防衛を担う陸軍第88師団は、ソ連の参戦はあまり想定していなかったようだ。日ソ中立条約があったから、なのだが、この条約は砂上の楼閣だった。実際にソ連は条約を一方的に破棄して参戦。1945（昭和20）年8月9日に南北樺太の国境を越え、侵攻を開始する。8月15日の終戦日以後も戦闘が続いた、樺太の戦いである。

ソ連軍の侵攻によって、樺太の住民たちの緊急疎開輸送が実施される。稚泊連絡船はもとより、周辺のあらゆる船舶が動員されて樺太からの引き揚げを担うことになった。第一便は稚泊連絡船の宗谷丸。8月13日に大泊港から稚内港を目指して出港している。しかし、このときは事態の切迫度があまり島民に伝わっていなかったこと、また樺太からの引き揚げは〝非国民〟のそしりを受けるというイメージもあって、定員790人に対して乗船者は680人程度に過ぎなかった。

樺太からの引き揚げが本格的になったのは、8月15日の終戦を迎えてからだ。樺太では客車だけでは足りず、貨車も総動員して避難民をすし詰めにして港まで運んだ。港の桟橋は先を急いで乗船しようとする人たちで黒山のひとだかり。定員を遥かにオーバーする避難民を乗せた船が、次々に稚内を目指した。

稚内の人々は、そうしてやっとのことで避難してきた人たちを、手を振って、小旗を振って出迎えた。着の身着のまま逃げてきた避難民のために、食事や寝所の世話もしている。避難してきた人の中には、のちの大横綱・大鵬幸喜もいたという。16日には1700人、17日には5500人、18日に至っては1万3600人ほどの避難民が稚内に上陸している。

稚内からの避難民輸送も総力戦だった。当時の国鉄・札幌鉄道局では、引き揚げてくる島民のためにカラの列車をひたすら稚内に送り込んだ。稚内駅で避難民を押し込めるだけ押し込んだら、時を決めずに出発進行。ダイヤなどあってないようなもので、ひとまず旭川、残客が多ければ札幌、それでも降りない人が多いと函館へ、という運行だったという。旧国鉄のお役所仕事からは考えがたい対応だが、引き揚げてきた島民で稚内が溢れかえっていたから、ここまでしないとどうにもならなかったのだろう。

最後の稚泊連絡船は、8月23日22時に大泊港を出港した。すでにソ連軍との停戦協定が成立しており、輸送禁止を命じられている中で、船長判断でのいわば〝強行突破〟。どうしても船に乗り切れずに涙を流す人たちを、断腸の思いで置きざりにしての出港だった。宗谷丸ほか3隻が夜半に稚内港に入り、約30年の稚泊連絡船は歴史に幕を閉じた。そして、稚内が内地と外地の境界だった時代も、終わりを告げたのである。

いまの稚内の町を歩いても、ロシア語の看板が目立つくらいでかつての外地と内地の境界という役割を感じさせるものはほとんどない。北防波堤ドームの威容ばかり、といったところだ。終戦の夏、このドームの下を歩いた人たちはどんな思いを胸に抱いただろうか。市街地の西側、丘の上には樺太を望む「氷雪の門」が建ち、引き揚げてきた人たちの望郷の念が込められている。

そして、ただの最北端のターミナルになった稚内駅。浜頓別方面を走っていた天北線は廃線となり、いまでは1日に到着する列車が6本、出発する列車が7本だけである。新天地へ渡る人たちが旅の疲れを癒やすような町ではなく、利尻島などの観光拠点、そして北方漁業の基地というのがいまの稚内の役割だ。

ただ、稚内と樺太・サハリンの関係は戦後も続いた。1995（平成7）年には、地元の悲願であった稚内・コルサコフ航路が開設されている。北の海で漁をしたロシアの漁船がそのまま稚内で水揚げし、船員のロシア人たちが稚内の町でくつろぐことも珍しくなかった。内地と外地、国防の最前線。絶えず〝国境〟であることを意識させられてきた町は、日露友好が芽吹く地になった。

「でもね、いまはもうロシアの人は誰も来ないですよ。ウクライナのあれがあってから」

町の人に尋ねると、寂しそうにつぶやいた。いくら時代が変わっても、国境の町としての現実とは、無関係ではいられない。

地図索引

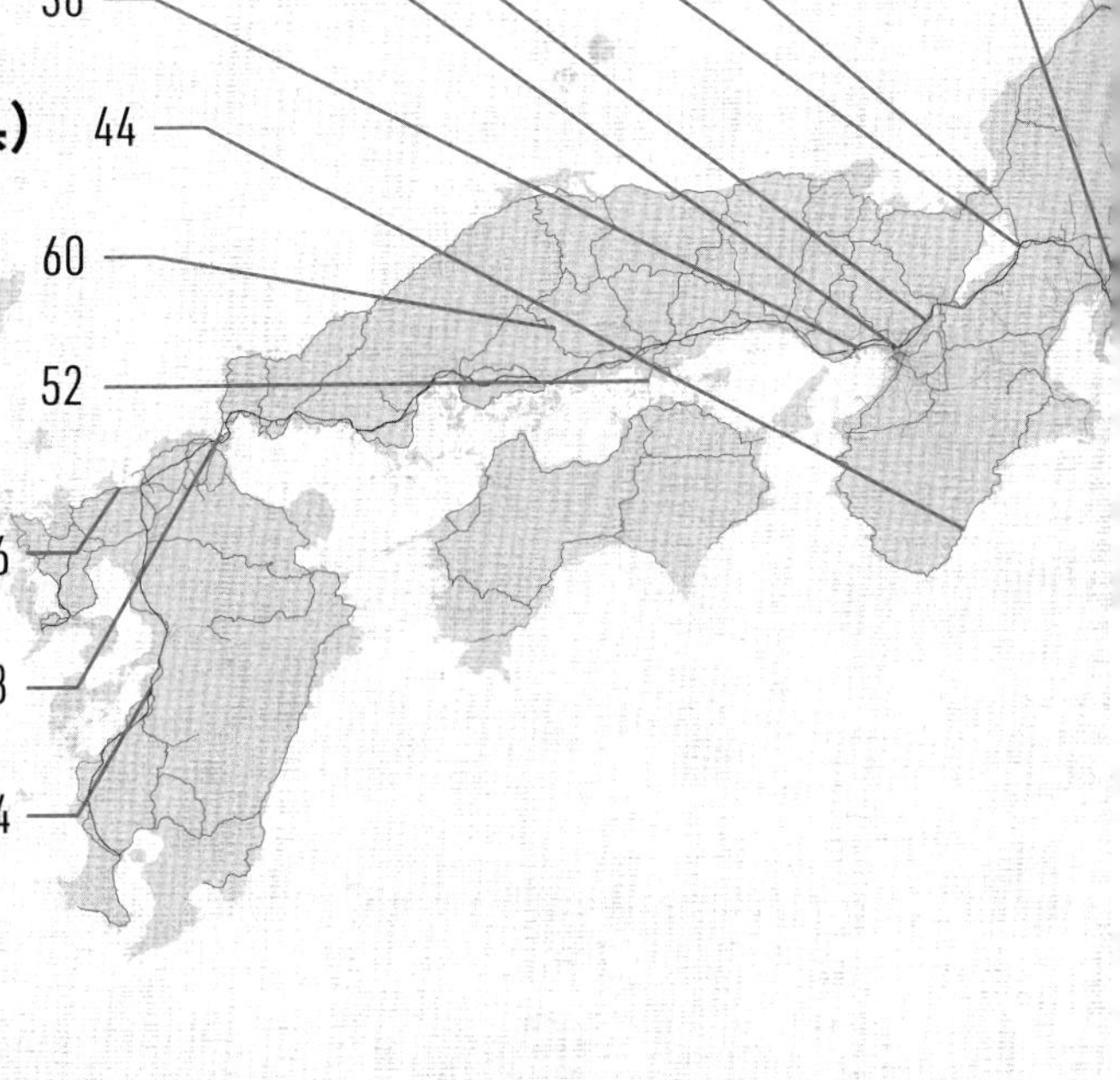

おわりに

ちょうどこれを書いている２０２３（令和５）年の初冬。日本中、観光地という観光地が人で溢れかえっている。日本人も外国人も、ありとあらゆる観光地に殺到して、新幹線も特急も大混雑だ。境界駅がどうのこうのと言ったところで、日本国内を移動するのにパスポートも何もない。だから、本当は国内に限って境界などというものは存在しないのだ。鉄道会社が入れ替わろうが、電化方式が変わろうが、都道府県境を跨ごうが、ぜんぶ同じ日本なのだから、たいした意味は持っていない。

しかし、ほんの数年前、コロナ禍でやたらと緊急事態宣言が出されていた時期を思い出していただきたい。あのとき、偉い人たちは「都道府県境を越える移動を控えて」と口を揃えていた。それこそ町田や山崎といった、都道府県境の町の人たちはどう思っていたのだろう。いまどきそんな境界など、本質的にはただの行政区画を分ける線に過ぎない。それが急に、見えない壁になって立ちはだかった。

いま、境界を越えてあちこち旅をしている人たちが増えているのは、人が境界の先を見たいという欲望を持っている生き物だから、なのかもしれない。これまでほとんど意識したことのなかった境界線が、コロナ禍で急にクローズアップされた。だから、あえてそれを越えて旅をしたいと思う。それは人間の本能なのだ。

だから、本書で取りあげた境界駅にも、やはり意味があるのだと思う。電化路線から非電化路線になったらどうなるんだろう。会社が変わると雰囲気は変わるのか。やっぱり同じ日本だった、でもいいし、雪景色に一変した、でもいい。境界駅のこちらと向こうは、何か大きな違いがあるような気がしてしまう。それだけでも、境界駅というのは旅のアクセントになっている。本書では取りあげられなかった境界駅も多い。心理的な意味合いを含めれば、人の数だけ境界駅があるともいえる。そんな境界の先への旅を、これからも続けていきたいものである。

鼠入昌史

主要参考文献

『熱海市史　下巻』(熱海市、1968)
『町田市史　下巻』(町田市、1976)
『稚内百年史』(稚内市、1978)
『大山崎町史　本文編』(大山崎町、1983)
『下関市史 市制施行-終戦』(下関市、1983)
『敦賀市史　通史編　下巻』(敦賀市、1988)
『飯能市史　通史編』(飯能市、1988)
『大山崎町史　本文編』(大山崎町、1983)
『下関市史 市制施行-終戦』(下関市、1983)
『敦賀市史　通史編　下巻』(敦賀市、1988)
『津山町史　前編』(津山町、1990)
『蟹田町史』(蟹田町、1991)
『塩尻市誌　第3巻』(塩尻市、1992)
『新修神戸市史 歴史編 4 近代・現代』(神戸市、1994)
『取手市史　通史編　3』(取手市、1996)
『三戸町史』(三戸町、1997)
『長野市誌　第9巻』(長野市、2001)
『上下町史　通史編』(上下町、2003)
『新修 倉敷市史　近代(下)』(倉敷市、2004)
『小牧市史　現代編』(小牧市、2005)
『米原町史　通史編』(米原町、2002)
『新修福岡市史　特別編』(福岡市、2013)
『久喜市栗橋町史　第2巻』(久喜市教育委員会、2014)
『稚泊連絡船史』(日本国有鉄道青函船舶鉄道管理局、1973)
『日本国有鉄道百年史』(日本国有鉄道、1974)
『関釜連絡船史』(日本国有鉄道広島鉄道管理局、1979)
『東武鉄道百年史』(東武鉄道、1998)
『京成電鉄100年の歩み』(京成電鉄、2009)
『鹿島臨海鉄道被株式会社30年史』(鹿島臨海鉄道、2000)
『樺太終戦史』(樺太終戦史刊行会、全国樺太連盟、1973)
『いばらき沿線をゆく』(朝日新聞水戸支局、鶴屋書店、1974)
『新宮・熊野　ふるさとの思い出』(木田泰夫編、国書刊行会、1980)
『墨田の町々』(墨田区、1980)
『町田の歴史をさぐる』(町田市、1981)
『東京地下鉄道千代田線建設史』(帝都高速交通営団、1983)
『ドキュメント瀬戸大橋』(山陽新聞社、1987)
『鉄道連絡船100年の航跡』(古川達郎、成山堂書店、1988)
『九州の鉄道100年記念誌　鉄輪の轟き』(九州旅客鉄道株式会社、1989)
『実録・樺太の終戦秘史』(小嶋正吉、御園書房、1987)
『目で見る新宮・熊野の100年』(郷土出版社、1994)
『目で見る奥武蔵100年』(井上峰次ほか、郷土出版社、1999)
『足立風土記　6』(足立区教育委員会、2002)
『山陽鉄道物語』(長船友則、ＪＴＢパブリッシング、2008)
『日本の分水嶺』(堀公俊、山と溪谷社、2011)
『近代鉄道事情　那須野が原に汽笛が響く』(那須塩原市那須野が原博物館、2011)
『「県境」「境界線」92の不思議』(浅井建爾、実業之日本社、2013)
『日本鉄道史　幕末・明治篇』(老川慶喜、中央公論新社、2014)
『日本鉄道史　大正・昭和戦前篇』(老川慶喜、中央公論新社、2016)
『日本鉄道史　昭和戦後・平成篇』(老川慶喜、中央公論新社、2019)
『道路の日本史』(武部健一、中央公論新社、2015)
『下津井電鉄(上・下)』(寺田裕一、ネコパブリッシング、2020)
『樺太一九四五夏』(金子俊男、筑摩書房、2023)
『鉄道ピクトリアル』各号(電気車研究会)
『鉄道ファン』各号(交友社)
『鉄道ジャーナル』各号(鉄道ジャーナル社)
『国鉄線』各号(交通協力会)
『Hanako』各号(マガジンハウス)
『散歩の達人』各号(交通新聞社)
交通新聞　各号
朝日新聞　各号
読売新聞　各号
毎日新聞　各号
産経新聞　各号

著者プロフィール

鼠入昌史

1981年東京都生まれ。文春オンラインや東洋経済オンラインをはじめ、週刊誌・月刊誌・ニュースサイトなどに様々なジャンルの記事を書きつつ、鉄道関係の取材・執筆も行っている。阪神タイガースファンだが好きな私鉄は西武鉄道。著書に『相鉄はなぜかっこよくなったのか』(交通新聞社)、『鉄道の歴史を変えた街45』(イカロス出版)など。

ナゾの“境界駅”探訪

2023年12月30日発行

著　者／鼠入昌史

発行人／山手章弘

発行所／イカロス出版株式会社
〒105-0051
東京都千代田区神田神保町1-105
TEL:03-6837-4661(出版営業部)

印　刷／図書印刷株式会社